Zacharias Tanee Fomum

EL CAMINO DEL DISCIPULADO

Christian Publishing House

EL CAMINO
DEL DISCIPULADO

ZACHARIAS TANEE FOMUM
(C) 1982, Z.T.FOMUM.

Primera Edicion, 1988, 12 000 Copias,
Segunda Edicion, 1989, 15 00 Copias,

Impreso En Camerún Por
CHRISTIAN PUBLISHING
HOUSE
P.o.box 6090 Yaounde
cph@ztfministry.org
www. ztfministry.org

ÍNDICE

PREFACIO

Este libro es el tercero de la serie del camino cristiano. Los libros de esta serie son:

En este libro, **"El camino del discípulo"**, exponemos los términos del discípulo, como el Señor dispone que debe ser. Conocemos claramente que Jesús jamás pensó en tener convertidos, sino que siempre estuvo en búsqueda de discípulos. Exponemos estas verdades, no desde la postura superior de aquellos que han 'arribado', sino desde la postura de estudiantes comprometidos en la Escuela de Discipulado. Este libro sale con la oración de que por medio de este mensaje el Señor Jesús esté obrando, transformando a convertidos en discípulos.

Yaundé, 26 diciembre, 1982.
Zacharias TANEE FOMUM
B.P.6090 YAOUNDE,
Camerún

INTRODUCCIÓN

JESÚS ES SEÑOR

La Biblia dice: *"Por lo cual también Dios lo exaltó hasta lo sumo y le otorgó el nombre que es sobre todo nombre; para que en el nombre de Jesús se doble toda rodilla de los que están en los cielos, en la tierra y debajo de la tierra; y toda lengua confiese para gloria de Dios Padre que Jesucristo es Señor".* (Filipenses 2:9-11).

"...Pido que el Dios de nuestro Señor Jesucristo, el Padre de gloria, os dé espíritu de sabiduría y de revelación en el pleno conocimiento de él; habiendo sido iluminados los ojos de vuestro entendimiento, para que conozcáis cuál es la esperanza a que os ha llamado, cuáles las riquezas de la gloria de su herencia en los santos, y cuál la inmensurable grandeza de su poder para con nosotros los que creemos, conforme a la operación del dominio de su fuerza. Dios la ejerció en Cristo cuando lo resucitó de entre los muertos y le hizo sentar a su diestra en los lugares celestiales, por encima de todo principado, autoridad, poder, señorío y todo nombre que sea nombrado, no sólo en esta edad sino también en la venidera. Aun todas las cosas las sometió Dios bajo sus pies y le puso a él por cabeza sobre todas las cosas para la iglesia" (Efesios 1:17-22).

El Señorío de Jesús se extiende sobre toda la creación, sin excepción alguna. Los vientos obedecen Su voz, los arboles LE oyen y se someten a SU autoridad sin cuestionar. Los demonios LE obedecen. Las enfermedades salen a SU comando. ÉL es Señor sobre principados y potestades. Incluso, el mismo príncipe de la oscuridad reconoce el Señorío de Cristo. El Señor aun hoy en día es obedecido.

Jesús es Señor de la iglesia. Incluso, si hay algunos que se resisten a su autoridad y que habrán de inclinarse ante ÉL solo en el futuro, el Señor espera que su autoridad sea experimentada completamente en la iglesia. La iglesia debe reverenciar el Señorío de Jesús. Esto nos concierne a usted y a mí.

EL PADRE QUIERE TODO HIJO ADOPTADO PARA QUE SEA CONFORME AL HIJO ENGENDRADO

La Biblia dice: *"Sabemos que a los que antes conoció, también los predestinó para que fuesen hechos conformes a la imagen de su Hijo; a fin de que él sea el primogénito entre muchos hermanos. Y a los que predestinó, a éstos también llamó; y a los que llamó, a éstos también justificó; y a los que justificó, a éstos también glorificó."* (Romanos 8:29-30).

"Sin embargo, vemos a Jesús, quien por poco tiempo fue hecho menor que los ángeles, coronado de gloria y honra por el padecimiento de la muerte, para que por la gracia de Dios gustase la muerte por todos. Porque le convenía a Dios — por causa de quien y por medio de quien todas las cosas existen — perfeccionar al Autor de la salvación de ellos, por medio de los padecimientos, para conducir a muchos hijos a la gloria. Pues tanto el que santifica como los que son santificados, todos provienen de uno. Por esta razón, él no se avergüenza de llamarlos hermanos, diciendo: Anunciaré a mis hermanos tu nombre; en medio de la congregación te alabaré. Y otra vez: Yo pondré mi confianza en él. Y otra vez: He aquí, yo y los hijos

que Dios me dio." (Hebreos 2:9-13).

El Hijo engendrado obedeció al Padre en todo. La Biblia dice: *"haciéndose semejante a los hombres; se humilló a sí mismo haciéndose obediente hasta la muerte, ¡y muerte de cruz!" (Filipenses 2:8). "Cristo, en los días de su vida física, habiendo ofrecido ruegos y súplicas con fuerte clamor y lágrimas al que le podía librar de la muerte, fue oído por su temor reverente. Aunque era Hijo, aprendió la obediencia por lo que padeció. Y habiendo sido perfeccionado, llegó a ser Autor de eterna salvación para todos LOS QUE LE OBEDECEN"* (Hebreos 5:7-9). Jesús conformó al Padre al rendirle absoluta obediencia. Todo aquel que quiera conformar al Señor Jesús tendrá que rendirle absoluta obediencia.

JESÚS ESTÁ CALIFICADO PARA HACER DISCÍPULOS

El Señor Jesús es el más calificado para hacer de los hijos de los hombres discípulos. Ante todo, Él conoce cada situación nuestra, por experiencia personal. La Biblia dice: *"Por tanto, teniendo un gran sumo sacerdote que ha traspasado los cielos, Jesús el Hijo de Dios, retengamos nuestra confesión. Porque no tenemos un sumo sacerdote que no puede compadecerse de nuestras debilidades, pues él fue tentado en todo igual que nosotros, pero sin pecado."* (Hebreos 4:14-15). Él no nos demandará sobre algo, que ÉL no haya ejercido. El no permitirá que brote una sola lágrima que no pueda enjugar.

EL PECADO NO TIENE NADA QUE VER CON EL DISCIPULO

Al invitar a las personas a considerar el costo del discípulo, el Señor Jesús en ninguna parte les invita a considerar si ellos habrán de detenerse o no de pecar. Este 'ninguna parte' viene dentro. ¿Es esto sorprendente? ¡No! Cuando una persona recibe a Jesús como su salvador, este conoce que este salvador Jesús, salva del pecado. Venir a Jesús y recibir salvación y aun volverse y vivir en pecado, es una contradicción en términos. La Biblia dice: *"Apártese de iniquidad todo aquel que invoca el nombre del Señor."* (2 Timoteo 2:19). A menos que usted haya pronunciado una final 'despedida' a todo acto conocido de pecado en su vida, no se moleste en llamar a Jesús Señor, porque EL no es aun su Señor.

UNA ELECCIÓN BÁSICA: DOS TIPOS DE PERSONAS

El Señor Jesús abrió la posibilidad para que aquellos que verdaderamente nazcan de nuevo se conviertan en Sus discípulos, si así lo desean. Al hacer esto, EL dividió a todos los verdaderos creyentes en dos tipos:

1) Discípulos y
2) No discípulos

Así que hay una elección básica. Y lo expresó claramente en la siguiente porción: *"Si alguno viene a mí y no aborrece a su padre, madre, mujer, hijos, hermanos, hermanas y aun su propia vida, no puede ser mi discípulo."* (Lucas 14:26). *"Así, pues, cualquiera de vosotros que no renuncia a todas las cosas que posee, no puede ser mi discípulo*" (Lucas 14:33). "*Y cualquiera que no toma su propia cruz y viene en pos de mí, no puede ser mi discípulo*" (Lucas 14:27). "*Si vosotros permanecéis en mi palabra, seréis verdaderamente mis discípulos*" (Juan 8:31). Hemos de observar cuidadosamente las condiciones para volvernos un discípulo, para la continuación en la escuela de discipulado y para el trabajo practico del discipulado.

LAS CONDICIONES PARA VOLVERSE Y PARA CONTINUAR COMO UN DISCÍPULO

1. UN SUPREMO AMOR POR EL SEÑOR JESÚS

Jesús, en Su derecho como Dios, debe ser amado. El Señor dijo a los hijos de Israel: *"Y amarás a Jehovah tu Dios con todo tu corazón, con toda tu alma y con todas tus fuerzas. "Estas palabras que yo te mando estarán en tu corazón. Las repetirás a tus hijos y hablarás de ellas sentado en casa o andando por el camino, cuando te acuestes y cuando te levantes. Las atarás a tu mano como señal, y estarán como frontales entre tus ojos. Las escribirás en los postes de tu casa y en las puertas de tus ciudades."* (Deuteronomio 6:5-9).

Jesús demanda que las personas le amen. Él le pregunto a Simón Pedro, *"Simón, hijo de Jonás, ¿me amas?"* (Juan 21:16). Él dejó condiciones para ser cumplidas por aquellos que le aman. El amor por el Señor no es manifestado en palabras por muy buenas que éstas sean. Hay dos formas diferentes de manifestar el amor por el Señor:

a. Al acercarse a ÉL en profunda humildad, y
b. Al obedecerle incondicionalmente.

a) EL AMOR MANIFESTADO AL APROXIMARSE A ÉL EN HUMILDAD

Una de las más grandes historias de amor de todos los tiempos está encerrada en las páginas de La Biblia. Ésta es el amor de María la hermana de Marta, por el Señor Jesús. Mientras miramos esta historia, aprendamos nuevamente de su ejemplo, y por medio de 'Su' respuesta a ella, lo que significa amarle.

María era humilde. Ella tenía un constante lugar a los pies de Jesús. La Biblia dice: *"Esta tenía una hermana que se llamaba María, la cual se sentó a los pies del Señor y escuchaba su palabra."* (Lucas 10:39). Luego, cuando Lázaro murió y Jesús fue a Betania, la Biblia recoge: *"Entonces cuando oyó que Jesús venía, Marta salió a encontrarle, pero María se quedó sentada en casa. Marta dijo a Jesús: — Señor, si hubieses estado aquí, mi hermano no habría muerto"* (Juan 11:20-21). Después de esto fue el turno de María. La Biblia dice: *"Luego, cuando María llegó al lugar donde estaba Jesús y le vio, se postró a sus pies diciéndole: — Señor, si hubieras estado aquí, no habría muerto mi hermano."* (Juan 11:32). Marta estuvo en pie y le habló. María cayó a sus pies antes de hablarle. Ambas dijeron las mismas cosas, pero las dijeron desde diferentes posturas o posiciones. María desde los pies de Jesús, mientras que Marta permanecía en su lugar. Marta alimentó a Jesús con los hechos respecto a la muerte de su hermano, pero María comunicó amor desde Sus pies. Jesús ESCUCHÓ a Marta, pero cuando María habló, dice La Biblia: *"Entonces Jesús, al verla llorando y al ver a los judíos que habían venido junto con ella también llorando, se conmovió en espíritu y se turbó. Y dijo: — ¿Dónde le habéis puesto?. Le dijeron: — Señor, ven y ve. Jesús lloró."* (Juan 11:33-35).

Su amor y sus lágrimas movieron a Jesús a las lágrimas. Éstas debieron haber sido lágrimas de amor. Su amor alcanzó a Jesús mientras que el amor de otros no. Digamos que este amor sacó lágrimas de Jesús. ¿Alguna vez ha tocado su amor el corazón de Jesús de esta forma?

Esto no termina aquí. Ella continuó amando a Jesús en una forma muy humilde y cuando tuvo la ocasión de ungir a Jesús, La Biblia nos dice: *"Entonces María, habiendo traído una libra de perfume de nardo puro de mucho valor, ungió los pies de Jesús y los limpió con sus cabellos. Y la casa se llenó con el olor del perfume."* (Juan 12:3). Los pies representan la parte más baja y sucia del hombre, puesto que esta parte está mayormente en contacto con lo sucio. El cabello de una mujer es su parte más preciosa, su misma gloria. María le estaba diciendo a Jesús, *"Señor, te amo, incluso si el polvo de tus pies me cubriese completamente. Mi cabello es mi gloria, pero mi gloria no es nada, éste solo tiene un significado si es usado para secar tus pies".* Nuevamente la vemos a los pies de Jesús, no sentándose, sino postrándose, usando su cabello como una toalla. Ella, verdaderamente le amaba y algo de la fragancia de su amor penetró en el corazón del Señor.

La Biblia dice: *"Jesús amaba a Marta, a su hermana y a Lázaro."* (Juan 11.5). Marta y Lázaro son mencionados por sus nombres, pero no María. ¿Por qué es así entonces? Pienso que es a causa del amor que Jesús tenía por María, en respuesta de su propio amor por ÉL, era tan especial, que no hubo necesidad de ponerlo por escrito. Tan profundo amor es sentido y comunicado, frecuentemente, con sentimientos demasiado profundos como para poder expresarlos con palabras. Jesús respondió a su amor de un modo diferente al que respondió al amor de otros- con lágrimas - y luego Él le dio una posición permanente a sus pies, *"Marta, Marta, te afanas y te preocupas por muchas cosas. Pero una sola cosa es necesaria. Pues María ha escogido la buena parte, la cual no le será quitada"* (Lucas 10:41-42).

Una cosa era necesaria y una cosa es necesaria en cada vida: un supremo amor por el Señor Jesús. Este amor ha de ser manifestado en humilde proximidad a ÉL, cerca de ÉL, a SUS pies y entonces, seremos en verdad bendecidos.

b) EL AMOR MANIFESTADO EN OBEDIENCIA A ÉL

El Señor Jesús llama a aquellos que le aman a manifestar ese mismo amor mediante la obediencia a ÉL. ÉL dijo, y Él dice:

"Si me amáis, guardaréis mis mandamientos" (Juan 14:15).
"Si sabéis estas cosas, bienaventurados sois si las hacéis." (Juan 13:17)
"Más bien, bienaventurados son los que oyen la palabra de Dios y la guardan." (Lucas 11:28).

Hay algunas cosas que deben ser dichas sobre la obediencia.

1. Jesús obedeció como nuestro supremo ejemplo. La Biblia habla de Jesús aprendiendo la obediencia: *"...aprendió la obediencia por lo que padeció"* (Hebreos 5:8). Jesús obedeció a Dios en todo. Él obedeció a Dios del más costoso modo: en la muerte en la cruz. El Señor no demanda de nosotros algo que ÉL mismo no haya sido capaz de hacer.

2. Hay momentos en que Dios demanda costosa obediencia. Él le dijo a Abraham: *"Toma a tu hijo, a tu único, a Isaac* *a quien amas. Ve a la tierra de Moriah y ofrécelo allí en holocausto sobre uno de los montes que yo te diré."* (Génesis 22:2). Fue una simple orden, clara; y su amado hijo Isaac estaba involucrado. También involucraba la promesa de Dios de que en Isaac serían bendecidas las naciones. Abraham pudo haber dicho: "No, esto es demasiado". Él pudo haber dicho: "Esta obediencia habrá de frustrar el propósito de Dios. Déjame ayudar a Dios a llevar a cabo Su propósito reservando a Isaac", pero, él no hizo tal cosa. Él siguió adelante en la senda de la obediencia y ganó el corazón de Dios. Existe un Isaac en cada vida, en su vida. Usted también arribará al punto de bendición cuando tome esa cosa, o a esa persona que aprecia, o valora tanto, y la sacrifique en obediencia al Señor.

3. Dios siempre demanda total obediencia. Él le dijo a Saúl que destruyera a los amalecitas completamente. Sus instrucciones fueron muy claras (y sus instrucciones son siempre muy claras) pues ÉL dijo: *"Ve ahora y ataca a Amalec; destruye completamente todo lo que le pertenece. No le perdones la vida; mata a hombres y mujeres, a niños y bebés, vacas y ovejas, camellos y asnos"* (1 Samuel 15:3). Saúl no obedeció completamente. La Biblia dice: *"Capturó vivo a Agag, rey de Amalec, y destruyó a filo de espada a todo el pueblo. Sin embargo, Saúl y el pueblo perdonaron la vida a Agag, a lo mejor de las ovejas y de las vacas, de los animales engordados, de los carneros y de todo lo bueno, lo cual no quisieron destruir. Pero destruyeron todo lo despreciable y sin valor."* (1 Samuel 15:8-9). Dios dijo, "destruye completamente todo", Saúl escuchó la orden claramente. Estaba haciendo frente a una decisión entre el obedecer a Dios completamente, o no. El escogió su propio camino, destruyó lo que escogió destruir y dejó lo que quería dejar. Algunos pueden decir que fue parcialmente obediente, pero Dios no lo consideró así. Ante Dios, él fue desobediente y el Señor lo descalificó. Él tuvo motivos religiosos para su desobediencia pero esto no hizo ninguna diferencia ante Dios. Él se mantuvo ante Dios en la misma posición de alguien que podría decirle a Dios, "Dios, no habré de obedecerte en lo absoluto" (Dios nos libre).La parcial obediencia y la completa desobediencia son una ante Dios. Dios no conoce algo como la parcial obediencia. Su veredicto sobre Saúl muestra claramente que ante ÉL solo la completa obediencia cuenta. Dijo de Saúl: *"Me pesa haber puesto a Saúl como rey, porque se ha apartado de mí y no ha cumplido mis palabras"* (1 Samuel 15:11) y la siguiente sentencia fue sobre él: *"¿Se complace tanto Jehovah en los holocaustos y en los sacrificios como en que la palabra de Jehovah sea obedecida? Ciertamente el obedecer es mejor que los sacrificios, y el prestar atención es mejor que el sebo de los carneros. Porque la rebeldía es como el pecado de adivinación, y la obstinación es como la iniquidad de la idolatría. Por cuanto tú has desechado la palabra de Jehovah, él también te ha desechado a ti, para que no seas rey."* (1 Samuel 15:22-23).

Hay una nota definitiva sobre esto: con Dios no hay intermedio. Aquellos que no son completamente obedientes, son desobedientes. *"Porque cualquiera que guarda toda la ley pero ofende en un solo punto se ha hecho culpable de todo."* (Santiago 2:10).Si usted ha de continuar con el Señor, usted ha de poner en su mente y en su corazón que habrá de rendirle perfecta obediencia. Si no, mejor ni se moleste, pues jamás se volverá un discípulo. No hay sitio en lo absoluto para discípulos desobedientes.

4. A veces Dios demanda obediencia impopular. El Señor habrá en algún momento de llamar a aquellos que quieren venir en pos de ÉL para obediencia impopular. ÉL llamó al profeta Isaías a caminar desnudo por tres años (Isaías 20:1-3). El obedeció. Pudo haber parecido un hombre loco ante los que le rodeaban, pero él conocía a Dios, que Dios había hablado y que él tenía solo una cosa por hacer: 'obedecer'. ¡Y sin preguntar llegó tan lejos con Dios!

En otra ocasión, Moisés estaba lidiando con los hijos de Israel luego de que habían hecho el becerro de oro. Él preguntó: "¡Quien esté de parte de Jehovah únase conmigo! Y se unieron con él todos los hijos de Leví. Y él les dijo: — Así ha dicho Jehovah, el Dios de Israel: "*¡Cíñase cada uno su espada, y pasad y volved, de entrada a entrada del campamento! ¡Matad cada uno a su hermano, a su amigo y a su pariente!*" *Entonces los hijos de Leví hicieron conforme al dicho de Moisés, y aquel día cayeron del pueblo como 3.000 hombres. Entonces Moisés dijo:* — *Hoy os habéis investido a vosotros mismos para Jehovah, cada uno a costa de su hijo o de su hermano, para que él os dé hoy bendición.*" (Éxodo 32:26-29).

Esto fue obediencia impopular. Ellos tuvieron que matar a sus hijos, hermanos y vecinos. Deben haber parecido como muy débiles, carentes de afecto natural, pero Dios así lo había mandado y sus mandatos son perfectos. La tribu de Leví obedeció y por ese acto se les ordenó para el servicio del Señor. Solo el obediente puede ser llamado a servirle. Antes que otros puedan ordenar a una persona como ministro en el nombre del Señor, la persona debe primeramente ordenarse a sí mismo a través de la obediencia impopular. Solo los tales pueden servir al Señor de forma íntima.

5. Dios siempre demanda continua obediencia. Las personas son llamadas a elegir si quieren o no servir al Señor. Cuando estos han elegido servirle, ÉL demandará de ellos servicio constante. Él no está interesado en aquellos que en un momento de gozo se ofrecen a servirle, pero luego no continúan. La obediencia al Señor debe ser continua. Aquellos que aceptan obedecerle deben obedecerle cada minuto, cada día, hasta que Él vuelva. El discipulado es una escuela en la cual el amante del Señor se matricula y nunca se gradúa hasta que ve a Jesús cara a cara en Su aparición. Si usted no planea obedecer hasta el final, ni se moleste en comenzar. ¡Calcule el costo! El señor dice que aquellos que poniendo la mano sobre el arado miran atrás no son aptos para el reino. ¿Está usted apto para el reino?

6. Obediencia ante el menor impulso del Espíritu Santo. El Señor no solo demanda obediencia a la palabra escrita, sino también a los impulsos del Espíritu Santo. *"Porque éste será el pacto que haré con la casa de Israel después de aquellos días, dice Jehovah: Pondré mi ley en su interior y la escribiré en su corazón. Yo seré su Dios, y ellos serán mi pueblo."* (Jeremías 31:33). Aquellos que caminan cerca del Señor, instintivamente conocen qué es lo que quiere el Señor que ellos hagan. Esto tendrá que ver frecuentemente con cosas que no son de ley, pero aquellos que caminan con Él, sabrán que no les ha dado permiso de actuar como tal.

Éstos descubrirán que aunque otros creyentes puedan hacer otras cosas, ellos no podrán hacer las mismas y mantenerse en paz con ÉL. Tal obediencia es más costosa porque con frecuencia ofenderá a otros, pero ¿qué puede hacer el siervo obediente, sino obedecer? Algo que es aún más conmovedor sobre este asunto es que el Espíritu Santo podría no darle libertad de explicar las razones de sus acciones a otros y esto, en algunas ocasiones, podría hacerte lucir despreciable o irracional, pero el obediente no tiene otra alternativa sino obedecer y soportar los reproches.

7. La obediencia es una condición para permanecer en Su amor, para ser sus amigos. El Señor dijo: *"Si guardáis mis mandamientos, permaneceréis en mi amor; como yo también he guardado los mandamientos de mi Padre y permanezco en su amor." (Juan 15:10). Nuevamente dice: "Vosotros sois mis amigos, si hacéis lo que yo os mando."* (Juan 15:14).

Así que mucho depende de la obediencia. Existe una opción ante cada uno de nosotros y aquí viene la pregunta: "¿quiere usted un supremo amor por Jesús?, ¿tiene usted un supremo amor por ÉL? Sabe, usted puede conocer esta respuesta fácilmente, solo pregúntese: ¿existe algún área en mi vida privada y pública que no es obediente al Señor?" De haber alguna y mantenerla, entonces usted no puede ser un discípulo. Si usted está preparado para obedecerle a cualquier costo, entonces el primer paso a tomar en el camino del discípulo está abierto ante usted. Que Dios le ayude a ir más allá de este primer paso.

2. UN AMOR SUPREMO POR LOS HERMANOS

a) EL EJEMPLO DE CRISTO

Aquellos que aman al Señor Jesús tendrán placer al amar a aquellos que 'LE' aman. El objeto del amor especial de Dios es la Iglesia. La Biblia dice: *"Esposos, amad a vuestras esposas, así como también Cristo amó a la iglesia y se entregó a sí mismo por ella, a fin de santificarla, habiéndola purificado en el lavamiento del agua con la palabra, para presentársela a sí mismo, una iglesia gloriosa que no tenga mancha ni arruga ni cosa semejante, sino que sea santa y sin falta."* (Efesios 5:26-27). El amor del Señor por la iglesia tenía todo propósito. Está dirigido a santificarla y darle la posibilidad de ser presentada en esplendor, sin mancha (sin pecado), sin arruga (la pérdida del celo, el ardor y el amor a causa del pasar del tiempo), y sin imperfecciones (manchas del contacto con el mundo).

Con el objetivo de cumplir con este propósito, Cristo se dio a si mismo por la iglesia. Yo, particularmente, fui tocado por la expresión "entregarse". Él no solo se entregó a sí mismo por la iglesia, ÉL se ENTREGÓ POR COMPLETO. En otras palabras, ÉL renunció a todo, lo cedió todo, lo dejó todo en la cruz para poder tener la iglesia. Sin este sacrificio, entonces no habría iglesia.

b) EL MANDAMIENTO DE CRISTO

El Señor les dio a sus discípulos muchos mandamientos pero hubo uno, al cual llamó "un nuevo mandamiento". Antes que pudiera dar el nuevo mandamiento, Él permitió al traidor Judas que dejara al resto. De hecho, Judas no podía participar del nuevo mandamiento porque era del mundo, y éste fue hecho para los hijos de Dios. Cuando se hubo ido, Entonces Jesús introdujo el nuevo mandamiento. ¿Por qué un nuevo mandamiento? Este era nuevo porque había un viejo mandamiento sobre el amor. A toda la humanidad, Dios dijo: *"Más bien, amarás a tu prójimo como a ti mismo. Yo, Jehovah."* (Levítico 19:18). Este es el antiguo mandamiento sobre el amor, luego el Señor dio un nuevo mandamiento a SU CUERPO. Él les dijo: *"Un mandamiento nuevo os doy: que os améis los unos a los otros. Como os he amado, amaos también vosotros los unos a los otros. En esto conocerán todos que sois mis discípulos, si tenéis amor los unos por los otros."* (Juan 13:34-35). Tan apremiante era este mandamiento en el corazón del Señor que no dudó en dar nuevamente el mandamiento diciendo: *"Este es mi mandamiento: que os améis los unos a los otros, como yo os he amado. Nadie tiene mayor amor que éste, que uno ponga su vida por sus amigos. Vosotros sois mis amigos, si hacéis lo que yo os mando."* (Juan 15:12-14).

El Señor Jesús estaba diciendo, "Manifesté mi amor por ustedes al morir por ustedes". Hemos de amar a los otros de este modo. Mi amor por ustedes es un patrón por el cual ustedes medirán su amor por los otros". No necesitamos preguntar, "¿Cómo amó Jesús a los discípulos y se dio a sí mismo por ellos?"

Primeramente ÉL les amó incluso mientras eran sus enemigos. En segundo lugar, Él se dio a sí mismo para comprarlos, aun cuando ellos no tenían nada que darle. En tercer lugar, Él los amó, incluso cuando ellos dijeron que no LE conocían. En cuarto lugar, ÉL no retuvo nada de sí mismo, se dio por completo. Y en quinto lugar y último, Su amor les conquistó y los convirtió en lo que debían ser.

c)   EL MANDAMIENTO REFORZADO

El mandamiento de Cristo para la iglesia, de amar como Cristo había amado, fue reafirmado por los escritores del Nuevo Testamento. El Apóstol del Amor escribió: *"En esto se revelan los hijos de Dios y los hijos del diablo: Todo aquel que no practica justicia no es de Dios, ni tampoco el que no ama a su hermano"*. (1 Juan 3:10). *"Amados, amémonos unos a otros, porque el amor es de Dios. Y todo aquel que ama ha nacido de Dios y conoce a Dios."* (1 Juan 4:7).

"Habiendo purificado vuestras almas en obediencia a la verdad para un amor fraternal no fingido, amaos los unos a los otros ardientemente y de corazón puro; pues habéis nacido de nuevo, no de simiente corruptible sino de incorruptible, por medio de la palabra de Dios que vive y permanece." (1 Pedro 1:22-23) y el Apóstol de los Gentiles escribió *"Pero sobre todas estas*

cosas, vestíos de amor, que es el vínculo perfecto." (Colosenses 3:14).

Cualquiera que quiera volverse un discípulo y continuar como tal, debe amar a todo aquel que confiese que Jesús es su Señor. El discípulo no necesita estar de acuerdo en todo con todo aquel que verdaderamente ha nacido de nuevo, sino que debe amarlo. Éste ha de amarle, no porque los tales hayan creído lo que tienen que creer y practicado todo lo que deberían practicar, sino porque los tales le pertenecen al Señor y Él ama a cada uno de ellos. El discípulo ama a todos los creyentes porque el mismo es un aprendiz del Señor Jesús, quien ama a todos.

El Señor murió por el discípulo incondicionalmente. El discípulo debe amar incondicionalmente todo aquello que le pertenece al Señor. Pueden ser ignorantes, engañosos y rebeldes, pero el discípulo es el que los ama.

d) SEPARACIÓN Y ASOCIACIÓN

El Señor pidió que los discípulos se amaran los unos a los otros. Él no dijo que el discípulo habría siempre de asociarse uno con otro. El discípulo no puede aprobar las impías, cuestionables, o no bíblicas prácticas de aquellos hermanos que, a pesar de genuinos en su conversión, no obstante están unidos por el mundo, o por sistemas religiosos o por aquellos que aman el pecado. El discípulo debe separarse de los tales. La Biblia dice: "*Aunque por cierto estoy ausente en el cuerpo, estoy presente en el espíritu. Ya he juzgado, tal como si estuviera presente, a aquel que ha hecho semejante cosa. En el nombre de nuestro Señor Jesús, reunidos vosotros y mi espíritu con el poder de nuestro Señor Jesús, entregad al tal a Satanás para la destrucción de la carne, a fin de que su espíritu sea salvo en el día del Señor."* (1 Corintios 5:3-5). *"Os he escrito por carta que no os asociéis con fornicarios. No me refiero en forma absoluta a los que de este mundo son fornicarios, avaros, estafadores o idólatras, pues en tal caso os sería necesario salir del mundo. Pero ahora os escribo que no os asociéis con ninguno que, llamándose hermano, sea fornicario, avaro, idólatra, calumniador, borracho o estafador. Con tal persona ni aun comáis. Pues, ¿por qué tengo yo que juzgar a los que están afuera? ¿No juzgáis a los que están adentro? Pues a los que están afuera Dios los juzgará. Pero quitad al malvado de entre vosotros."* (1 Corintios 5: 9-13).

Todo el que se extravía y no permanece en la doctrina de Cristo no tiene a Dios. El que permanece en la doctrina, éste tiene al Padre y también al Hijo. Si alguien va a vosotros y no lleva esta doctrina, no le recibáis en casa, ni le digáis: "¡Bienvenido!" Porque el que le da la bienvenida participa de sus malas obras. (2 Juan 9-10).

Incluso cuando somos forzados a separarnos de los creyentes, ya sea por sus pecados o por sus falsas doctrinas, aún tenemos el deber de amarles y de darnos a nosotros mismos por su bien. Esto sería amándoles. El ministerio de negarnos a nosotros mismos por los hermanos nos conducirá a orar y ayunar por ellos hasta que puedan ser presentados por el novio sin mancha ni arruga. El amor de igual forma conducirá a una enorme capacidad de perdonar, incluso cuando nos hayan herido profundamente, y a tratar a los tales como si jamás nos hubiesen herido. Esto es costoso, pero el amor no economiza en el bien.

e) EL AMOR Y EL TESTIMONIO DE LOS CREYENTES PARA EL MUNDO

El Señor dijo: "En esto conocerán todos que sois mis discípulos, si tenéis amor los unos por los otros." (Juan 13:35). Los creyentes no necesitan amarse los unos a los otros como testimonio ante el Señor, el Señor los conoce, sin necesidad de tal evidencia. No obstante, existe un mundo expectante y éste observa de un modo crítico. El mundo está carente de amor, aun lo anhela y lo necesita, por consiguiente, cuando los creyentes se aman unos a otros, estos manifiestan al mundo algo diferente, algo de lo cual el mundo es carente, resaltando así. El mundo no puede ignorar o resistir una comunidad de personas que se aman los unos a los otros. Esto es lo que la iglesia está llamada a ser para el mundo.

Si hay algún creyente al que usted no ame, el mundo no le conocerá a usted como un discípulo del Señor Jesús, incluso cuando ya lo sea. Fije en su corazón que usted habrá de amar a todos los hermanos como el Señor los amó. No importa si ellos le aman a usted o no, Usted les ama. Incluso, si le aborrecen, no importa, usted les ama.

TOTAL
SEPARACIÓN

UNA TOTAL SEPARACIÓN DE OTRAS ATADURAS

El Señor Jesús dijo, *"Si alguno viene a mí y no aborrece a su padre, madre, mujer, hijos, hermanos, hermanas y aun su propia vida, no puede ser mi discípulo."* (Lucas 14:26).

Los lazos familiares son fuertes ataduras. Éstas, con frecuencia, se interponen en el camino de las personas que siguen al Señor. Un hombre dijo: *"Te seguiré, Señor, pero primero permite que me despida de los que están en mi casa."* (Lucas 9:61). A otro le dijo: "Sígueme", pero aquel le dijo "Señor deja que vaya primero y entierre a mi padre". El entierro del padre tomó el primer lugar y Jesús no lo permitió.

Los lazos familiares son aún más peligrosos porque los lazos familiares correctos son propósito de Dios para su pueblo. Lo que es bueno y legítimo puede fácilmente tornarse erróneo. Naturalmente, tendemos a consultar a nuestros familiares y sus opiniones, por lo general, nos interesan. Hay muchas personas que han desistido de seguir al Señor a causa de lazos o ataduras familiares - un esposo o una esposa exigente, niños, entre otras - y las demandas del Señor han sido relegadas a un segundo lugar o, en el peor de los casos, desechadas del todo.

Hay muchos hombres que han sido estorbados de proseguir las duras demandas de la cruz a causa de sus esposas. El tal se plantea, "¿Si asumo esta postura o aquella, quien habrá de suplir las necesidades de mi esposa y mis hijos?" En el contexto africano, hay muchos hombres jóvenes que no pueden hacer frente a todas las demandas del camino del discipulado porque, de algún modo, las demandas de la familia los fuerzan a buscar un trabajo mejor pago para que así las necesidades de sus familiares puedan ser suplidas.

Conociendo estas cosas lo suficiente y habiéndolas experimentado ÉL mismo, el Señor hizo sus severas demandas. En otras palabras ÉL estaba diciendo, "Si ustedes han de ser mis discípulos, su amor por Mí tiene que ser tan grande que eclipse su grande amor por los suyos y tendrán que amarme tanto que al obedecerme tendrán que actuar como si les odiaran, ya que dirán 'NO' a sus demandas mientras digan 'SI' a las mías."

Para que esto sea posible, tiene que haber separación de sus parientes. El Señor Jesús debe separarle de esos otros amores para que usted ame a sus parientes solo por el amor del Señor.

Lo que quiero expresar es que su amor por el Señor debe ser tal, que no haya espacio para algún otro amor, exceptuando aquel que el Señor le permita tener por Su gracia. Por lo tanto, el discípulo le da todo su amor al Señor Jesús y ama a sus parientes con un nuevo amor que no es el suyo natural, sino aquel que recibe del Señor para verter sobre ellos, por SU gracia. De este modo, el amor a la familia será el resultado del amor de Jesús y este amor existirá siempre y cuando el Señor Jesús lo permita.

Esto significa que el discípulo debe aceptar el cuchillo de la separación de parte de Dios para estar entre Dios y aquellos a quienes ama. Abraham amó a Isaac hasta el punto cuando que este amor amenazó su amor por el Señor. Así que Dios tomó parte en la situación y con un cuchillo separó a Isaac de

Abraham. Luego, Abraham amó a Isaac con un amor dado por Dios. La relación profundizó y maduró, pero ya no fue más la misma relación. Ésta era una nueva relación, aún más profunda y centrada en Dios.

Pero además de las ataduras respecto a las relaciones familiares, existen ataduras tribales. Para algunos creyentes que tienen un desmesurado amor por su pueblo, tribu o nación etc., el Señor dice: "Si alguien viene en pos de mí y no odia a su propia villa, pueblo o nación, este no puede ser mi discípulo". Querido hermano, ¿entonces ha pasado usted la prueba de discipulado hasta este punto?. El amor a la villa, tribu o nación pudiera parecer bien legítimo, éste debe ser alentado o fomentado bajo la sombrilla del desarrollo y el cuidado de otros, pero lo crucial aquí, a lo que se debe hacer frente, es si está o no Jesús en el centro de ese cuidado por los otros. Hermano, piense nuevamente y reexamine todo a la luz de las demandas del Señor y al ineludible juicio de Cristo.

Una de las cosas más horribles a las que he tenido que hacer frente es al hecho de que para muchos creyentes, verdaderos hijos del reino, las consideraciones tribales han tomado precedente sobre el amor por el Señor y que tal amor ha afectado el verdadero sentido de balance y justicia en cosas naturales y espirituales.

A la edad de 20 años, tenía una pasión en mi corazón, mi amor por África. Quería que África fuese totalmente liberada, soñaba con un África libre, unida y próspera. Creía entonces que el último presidente, Nkwame Nkrumah, habría de guiar al continente a ese gran día. Cuando fue derrocado, no comí alimento y cosa alguna por tres semanas, estuve ayunando parcialmente con la esperanza de que fuese reinstituido y nos guiara. A los 21, encontré al Señor Jesús, o mejor dicho, ÉL me encontró, me recogió me cambió, y la pasión que una vez tuve por África, es ahora solo por ÉL. Ahora veo a África a través de SUS ojos - perdida y sin esperanza fuera de ÉL-, veo a África, junto con el resto del mundo bajo el juicio de Dios y sin un futuro real. ¿Cómo puedo dar entonces mi corazón a aquello que ya ha sido condenado y crucificado? El apóstol Pablo dijo: "Pero lejos esté de mí el gloriarme sino en la cruz de nuestro Señor Jesucristo, por medio de quien el mundo me ha sido crucificado a mí y yo al mundo." (Gálatas 6:14). Sí, una doble crucifixión, yo para el mundo y el mundo para mí.

El Señor está buscando personas que le confiesen hoy, diciendo, "Dios prohíbe que me gloríe, exceptuando solo la cruz de Cristo. Por esa cruz, el interés (fuera del amor del Señor) por mi padre, madre, hermano, hermana, hijo, villa y tribu ha muerto, como he estado desde entonces muerto para mi padre, madre, hermano, hermana, hijos, villas, naciones entre otros". Solo los tales pueden volverse discípulos. El resto queda excluido. Los tales se han extraviados en sentimientos excluyéndose a sí mismos. ¿Está usted incluido o excluido? Esta es una pregunta de largo alcance y las repercusiones sobre usted son eternas. Deténgase a pensar y haga frente al asunto libremente.

SEPARACION DEL YO...

El Señor dijo, "*Si alguno viene a mí y no aborrece a su padre, madre, mujer, hijos, hermanos, hermanas y aun su propia vida, no puede ser mi discípulo."* (Lucas 14:26). Nadie puede llegar lejos con el Señor, si no ha puesto un fin a la búsqueda de su propia vida.

El vivir para sí mismo ha de manifestarse en cuanto a:

1. AUTO ADMIRACIÓN

Aquí usted admira su apariencia y sus logros, así que cuando se contempla a sí mismo en el espejo, usted asiente con toda aprobación diciéndose silenciosamente a usted mismo, "verdaderamente soy linda, o guapo". O mira a sus logros sociales y académicos y, ciertamente, asiente como diciendo, "¿acaso no soy genial?" Esto es auto admiración. Esto es adorarse a sí mismo. Nadie puede ir muy lejos en el servicio el Señor sin antes haberse librado o haberse deshecho de la auto admiración.

2. AUTO ENUNCIACIÓN

Este es el completo deseo de ser visto. Todo lo hace para ser visto. Este es un ardiente deseo por el hecho de que las personas vean todo lo que usted es o todo lo que hace. Los tales pueden estar sucios a nivel personal pero harán todo lo posible para parecer limpios en público, tanto así que no pueden conciliar la figura pública y la verdadera persona. Harán lo posible para crear las impresiones equivocadas sobre su espiritualidad. Ayunarán para ser vistos por otros. Pretenderán que no quieren que otros sepan sobre su ayuno, sin embargo estarían muy defraudados si nadie lo supiera. Pretenderán darle al Señor en secreto, aunque se asegurarán de que sus regalos 'secretos' sean conocidos y su espiritualidad tomada en cuenta por el hombre. Se compararán a si mismos favorablemente con otros, siempre escogiendo como 'compañeros 'a aquellos que puedan eclipsar con facilidad. Tales personas viven para ser vistos por los demás y aquellos que les ignoran son tratados como viles enemigos y lo más malo es hecho en contra de los tales.

3. AUTO FELICITACIÓN

Esto está estrechamente unido a la auto enunciación. Aquel que se da propaganda a sí mismo y quiere ser felicitado. Tales personas detestan la compañía de personas competentes. Estos puede que permitan la proximidad de una persona capaz, pero el tal tiene que ser una persona que le reconozca como alguien grande y que tal asociación pudiera promover sus sentimientos de importancia. El resto de las personas capaces le resistirán, lo que generará comentarios sarcásticos en su contra, por supuesto, a menos que el auto propagandista reciba algo de la felicitación que precisa para alimentar sus deseos. Estas personas hacen de todo para ganar las felicitaciones del resto. Si no son aclamados y alabados se sienten como pelotas desinfladas, se retraen y buscan atención de algún modo.

4. AUTO AMOR (AMOR POR SÍ MISMO)

Este puede manifestarse en una vida indisciplinada. La persona ama tanto sus apetitos que habrá de alimentarlos, generosamente. Si es orgulloso, alimentará su orgullo mientras pretende decir que no es orgulloso. Tales personas llenas de amor por sí mismos pueden dar muchas cosas y dar la impresión de ser generosos y sacrificados, pero la raíz está en ellos mismos. Hacen cada cosa para satisfacer un deseo secreto que yace dentro de sí mismos. Éstos, a la verdad, no aman a nadie profundamente. No pueden sostener una relación profunda, sino que establecerán numerosas relaciones superficiales que satisfagan su ego, pero que no ministran nada profundo a la otra persona. Tales personas son los principales organizadores, pero huyen de hacer algo. Podrían hacerle gran daño a cualquier persona que se interponga en su camino de ser auto alabados. Aquellos que le critican, son grandemente detestados, aquellos que no ven su trabajo, son de gran disgusto a su persona. Se establecen a sí mismos como pequeños reyes y añoran un grupo de admiradores que le rodeen y se inclinen ante él muchas veces al día. Tales personas prefieren ir con personas que, ya sea por razones financieras, emocionales u otras, sean totalmente dependientes de ellos, así su adoración estará garantizada.

Tales defectos graves no pueden ayudar a nadie a tener progreso espiritual. Una persona está siempre en el mayor peligro cuando se siente la más necesitada porque ha hecho algún progreso real, o existiera la manifestación de algún regalo inusual o la operación de algún ministerio de Dios, que bendijo a muchos corazones. Es aquí que el 'vivir para sí mismo' que siempre estuvo ahí escondido, sale a flote, y desea el trono del rey o de la reina.

El amor es ciego, y el auto amor, siendo el más poderoso amor, es el más ciego. Las personas que están más envueltas en el auto amor son aquellas que habrán de quedar en mayor shock cuando se les diga de su condición. Pero los tales deben ser ayudados. Alguien debe advertirles, antes que la tragedia les golpee más allá como para recuperarse. Esto es lo que le aconteció a un hombre de Dios y dejaré que usted lea la historia por sí mismo, el rumbo nos es dado en el libro titulado, "Más allá de la humillación".

Es la historia de John Tauler, quien fuese reconocido en el siglo catorce como el más grande predicador de la época. Este libro está lleno de enseñanzas. Fue en 1331 que Tauler atravesó por la más grande crisis de su vida. De no conocer que habría de ser totalmente rechazado, no habría sido capaz de beber la copa de la humillación y vergüenza hasta lo más amargo y nunca hubiese sabido que había sido totalmente aceptado. El periódico de aquellos días está disponible, habiendo sido preservado por una de las bandas selectas conocidas como "Los amigos de Dios". Tauler había anunciado que habría de predicar al más alto nivel de perfección obtenible en esta vida. La capilla de la famosa Catedral de Estrasburgo estuvo concurrida mucho antes de la hora del servicio, por multitudes que iban tras los labios del Dr. John Tauler. Él predicó sobre la necesidad de morir totalmente al mundo y a nuestra propia voluntad, y a rendirse, lo que él describiera como "morir consistentemente" en las manos de Dios.

Mientras Tauler disertaba elocuentemente las líneas, hubo un hombre en la congregación, el cual sabía que el predicador tenía un imperfecto conocimiento personal de las verdades sobre las que hacía hincapié, y que John Tauler estaba muy distante de la muerte. Este hombre fue Nicholas of Basie, un ilustre "amigo de Dios", bien conocido como un santo de Dios, poseedor de una profunda perspicacia espiritual y conocimiento.

Al escucharle, éste dijo: "El maestro es un hombre muy amante, gentil y de buen corazón, pero a pesar de su entendimiento de las Escrituras, él es ignorante de las cosas profundas de Dios". Luego de haber escuchado a Tauler predicar seis veces, Nicholas procuró una entrevista con el predicador.

"Maestro Tauler," dijo, "¡usted debe morir!", "¿Morir?", dijo el popular predicador de Estrasburgo, ¿Qué quiere usted decir?. El próximo día vino Nicholas diciendo nuevamente "John Tauler, usted debería morir para vivir". "¿Qué quiere usted decir?" dijo Tauler. "Quedarse solo con Dios" dijo Nicholas, "dejar su concurrida congregación, su admirable congregación, que ha mantenido en esta ciudad. Irse a su celda, estar solo y verá lo que quiero decir". Su claro lenguaje. al principio. ofendió a Tauler, y su resentimiento solo probó cuán preciso era el diagnóstico al que Nicholas había arribado.

Tauler estuvo por un largo tiempo llegando al fin de sí mismo, pero en Nicholas tuvo un amante y paciente profesor. El proceso de 'rompimiento' fue lento y doloroso, pero cuando Dios está trabajando para la eternidad, ÉL no toma en cuenta el tiempo, tampoco le evita a los siervos humillación o sufrimiento alguno, si solamente vinieran a ser vasijas rotas y vacías, "para uso del Amo son hechos".

Tauler mismo se sintió obligado a obedecer el consejo de su amigo. Dejó su iglesia, huyó de la popularidad, fue tomado como loco por sus amigos, y, a solas con Dios, peleó la más grande de las batallas, la batalla con el mismo monstruo Pandora. Atacado por Satanás, desconsolado de su propio corazón, dominado por las flaquezas del cuerpo, con el corazón roto a causa de sus pecados, su tiempo desperdiciado y las oportunidades perdidas, él permaneció en su habitación débil y acongojado, con dolor. Luego John Tauler murió, y escuchó una voz hablándole, que le decía: "Confía en Dios, ten paz, y conoce que cuando ÉL estuvo en la tierra como hombre, ÉL hizo que el enfermo, cuyo cuerpo fue sanado, también su alma fuese sanada."

Entonces John Tauler se levantó de la muerte. Cuando dio de sí mismo, luego de no saber cómo y donde él estaba, fue lleno con nuevas fuerzas en todo su ser, y las cosas que por un tiempo fueron oscuras para él, ahora eran brillantes y claras. El sendero de morir a su reputación, sus fuerzas, su sabiduría, su celo y elocuencia, había sido uno largo y doloroso. Había estado andando el escabroso sendero de la auto renunciación por dos años completos, mientras que todo aquel que le conocía se preguntaba que había sido de él y cuál era la razón de su largo silencio.

Nicholas, mandado a llamar por Tauler, dijo, cuando aprendió de las experiencias de su amigo: "ahora eres un partícipe de la gracia de Dios. Ahora entenderás las Escrituras, y serás capaz de enseñar a tus compañeros cristianos el camino a la Vida Eterna. Ahora, uno de estos sermones llevará más fruto que uno de antes" (Tomado del libro, "Más allá de la Humillación" por Gregory Mantel).

LA RESPUESTA AL VIVIR PARA SÍ

1. La cruz de Cristo, la inmutable y final respuesta al 'vivir para sí', es la cruz de Cristo. La Biblia dice: "*Y sabemos que nuestro viejo hombre fue crucificado juntamente con él, para que*

el cuerpo del pecado sea destruido, a fin de que ya no seamos esclavos del pecado" (Romanos 6:6). El viejo hombre fue crucificado. Esta es la verdad de Dios. Anuncie esta verdad y vívala.

2. En un decisivo acto de renunciación, renuncie al 'vivir para sí' en el cual ha estado viviendo. Diga, "En el nombre de Jesús renuncio a la raíz del 'vivir para mí' que hay en mí y renuncio a todas sus manifestaciones."

3. Diariamente renuncie 'al vivir para sí' en cualquier forma en que usted la vea manifestada.

4. Verifique con Dios sus motivos respecto a todo aquello que quiera hacer. Permita que la luz de SU palabra brille sobre todo lo que usted quiera hacer y así exponga cualquier evidencia de auto búsqueda.

5. Oculte muchas de las cosas buenas que hace. No exponga lo que hace para Dios o para el hombre. Disimule y oculte sus buenos trabajos. Oculte sus logros espirituales. Permita que Dios, quien ve en lo secreto, sea el único abogado de sus logros espirituales, ya que ÉL es el único que habrá de recompensarle en aquel gran día.

6. Exponga sus faltas y fallos a otros. No intente bajo circunstancia alguna esconderlos y, con esto, dar una falsa imagen de sí mismo. Decida que usted no habrá de defender su nombre o su reputación. Deje a las personas arrastrar su nombre en el lodo si quieren. No trate usted de sacarlo. Todo lo que a usted debe interesarle, es la opinión de Dios sobre

usted. Su ministerio no depende de la opinión del hombre sino de la de Dios.

7. Confiese la corrupción de su corazón a Dios y al hombre a diario, y pida perdón por todas las manifestaciones del 'vivir para sí'. Dios le bendiga. Si usted está dispuesto, Dios lo hará. ¿Está usted dispuesto a que ÉL le libre del 'vivir para sí' a cualquier precio?

OBSERVACIONES FINALES SOBRE EL 'VIVIR PARA SI'

El 'vivir para sí mismo' es con frecuencia una manifestación del amor y la conformidad con el mundo. Sobre el mundo, la Palabra de Dios dice: *"No améis al mundo ni las cosas que están en el mundo. Si alguno ama al mundo, el amor del Padre no está en él; porque todo lo que hay en el mundo — los deseos de la carne, los deseos de los ojos y la soberbia de la vida — no proviene del Padre sino del mundo. Y el mundo está pasando, y sus deseos; pero el que hace la voluntad de Dios permanece para siempre."* (1 Juan 2:15-17).

Nuevamente, la palabra de Dios dice: *"Pero lejos esté de mí el gloriarme sino en la cruz de nuestro Señor Jesucristo, por medio de quien el mundo me ha sido crucificado a mí y yo al mundo."* (Gálatas 6:14).

Un afilado observador, de la vida escribió: *"Soy el fantasma de la riqueza, para mí, el hombre y las naciones se han precipitado a la destrucción, ¡por mí, ellos han sacrificado la felicidad y han perdido el camino a Dios! En mí, la inocencia ha sido traicionada y el honor asesinado. No soy más que una sombra, pero el mundo me sigue como si fuese luz. No soy más que frío polvo de la tierra, y el hombre me toma por la gloria del cielo"*

"Soy el fantasma de la fama. Vengo con música y dulces promesas. Floto ante los ojos del hombre, pareciéndole un ángel. Hablo de triunfo, de poder y por mí, corazones valientes han sido quebrados y brillantes espíritus han sido condenados a la desesperación. No soy más que un suspiro y un color, pero el hombre me toma por una sustancia. No soy más que un suspiro y un color, pero el hombre me toma por una estrella fija."

"Soy el fantasma del orgullo. Por mí, la humildad escala a la altura de la ambición. Por mi causa, reyes y reinas ocupan tronos y se hacen rodear con pompa y panoplia, por mí, el hombre miente, estafa y hace mal a sus vecinos, por mi causa, los hogares que deberían ser felices, son devastados; por mi causa, falsas leyes son dictadas y el mal pareciera vencer. ¡No soy más que una sombra, pero el mundo me toma por un sol! No soy más que un destello de luz, pero el hombre me toma por un día perfecto."

Rechace el 'vivir para sí'. No permita que sobreviva ni por un segundo, en ningún modo. Haga de éste un terrible enemigo y líbrese totalmente de él. A menos que termine con el 'vivir para sí', usted no podrá ser un discípulo de Jesús.

EL SUFRIMIENTO: LA CRUZ PERSONAL

El Señor dijo: *"Y cualquiera que no toma su propia cruz y viene en pos de mí, no puede ser mi discípulo. Porque ¿cuál de vosotros, queriendo edificar una torre, no se sienta primero y calcula los gastos, a ver si tiene lo que necesita para acabarla?"* (Lucas 14:27-28).

El llevar la cruz es el camino de las aflicciones, esto es, sufriendo por Cristo y sufriendo por el Evangelio.

El Señor Jesús que invita a los discípulos a llevar la cruz, es el mismo que llevó la cruz maestra y murió en ella. Él se comprometió a sufrir. Él sabía que no había otro camino fuera de este. Luego de que sus discípulos habían reconocido quien era ÉL, comenzó a decirles de forma progresiva sobre sus padecimientos. Él había nacido para sufrir. Antes de SU nacimiento, él había sido nombrado, 'varón de dolores' (Isaías 53:3). Cada paso que Jesús dio desde el día en que dejó la gloria del cielo hasta el oscuro Getsemaní, fue allanado con padecimientos. Sufrió la agonía de dejar la gloria del cielo con Su 'trono de arcoíris', por la degradación de haber nacido en un establo, y ÉL, a quien todo el cielo adoraba, fue eclipsado por treinta solitarios años en oscuridad. Padeció el dolor de ver a aquellos que necesitaban de su mensaje, le rechazaran, de ser falsamente acusado de usar el poder del maligno, de ser negado por Pedro, de ser abandonado por todos Sus discípulos en tiempo de profundo estrés, de no encontrar a nadie que velara y orara con ÉL y, finalmente, ser llevado para morir solo en una cruz, abandonado por Su Padre.

Pero su sufrimiento no fue solo espiritual, sino que también fue físico. Sufrió al comprometerse en profundos conflictos en oración, cuando Su sudor se tornaba en gotas de sangre. Sufrió mientras era golpeado y molido. Sufrió dolores al ser coronado con aquellos espinos y haber llevado la pesada cruz. Finalmente, padeció al traspasarlo aquellos clavos y Dios dejarle morir solo, como un notorio criminal.

Jesús sufrió como un ejemplo. La Biblia dice: *"Pues para esto fuisteis llamados, porque también Cristo sufrió por vosotros, dejándoos ejemplo para que sigáis sus pisadas"* (1Pedro2:21).

LA REACCIÓN DE JESÚS ANTE EL PADECIMIENTO, PERSECUCIÓN, JUICIO Y CASTIGO

El Señor reaccionó muy victorioso ante el sufrimiento. Ante todo, no tenía pecado de que arrepentirse. Él no estaba padeciendo a causa del pecado. La Biblia dice: *"El no cometió pecado, ni fue hallado engaño en su boca."* (1Pedro 2:22).

En segundo lugar, ÉL no se defendió a sí mismo. *"Cuando le maldecían, él no respondía con maldición. Cuando padecía, no amenazaba"* (1 Pedro 2:23). En el juicio ante Herodes, la Biblia dice: *"Herodes le preguntaba con muchas palabras, pero Jesús no le respondió nada."* (Lucas 23:9). Ante el gran sacerdote no dijo nada para defenderse a sí mismo y ante esto el gran sacerdote dijo, *"¿No respondes nada? ¿Qué testifican éstos contra ti? Pero Jesús callaba."* (Mateo 26:62-63).

En tercer lugar, Jesús testifico bajo juicio y persecución.

Ante el gran sacerdote, aunque no habría de decir nada para defenderse, habló cuando la oportunidad de testificar se le presentó. La Biblia dice: *"Y el sumo sacerdote le dijo: ¡Te conjuro por el Dios viviente que nos digas si tú eres el Cristo, el Hijo de Dios! Jesús le dijo: Tú lo has dicho. Además os digo: De aquí en adelante veréis al Hijo del Hombre sentado a la diestra del Poder, y viniendo en las nubes del cielo."* (Mateo 26:63-64).

Ante Pilato, fue interrogado, *"Entonces Pilato entró otra vez al Pretorio, llamó a Jesús y le dijo: — ¿Eres tú el rey de los judíos? Jesús le respondió: — ¿Preguntas tú esto de ti mismo, o porque otros te lo han dicho de mí? Pilato respondió: — ¿Acaso soy yo judío? Tu propia nación y los principales sacerdotes te entregaron a mí. ¿Qué has hecho? Contestó Jesús: — Mi reino no es de este mundo. Si mi reino fuera de este mundo, mis servidores pelearían para que yo no fuera entregado a los judíos. Ahora, pues, mi reino no es de aquí. Entonces Pilato le dijo: — ¿Así que tú eres rey? Jesús respondió: — Tú dices que soy rey. Para esto yo he nacido y para esto he venido al mundo: para dar testimonio a la verdad. Todo aquel que es de la verdad oye mi voz. "* (Juan 18:33-37).

En cuarto lugar Jesús tenía perfecto control en el juicio. Pilato le dijo, *"¿A mí no me hablas? ¿No sabes que tengo autoridad para soltarte y tengo autoridad para crucificarte? Respondió Jesús: — No tendrías ninguna autoridad contra mí, si no te fuera dada de arriba. Por esto, el que me entregó a ti tiene mayor pecado."* (Juan 19:10-11).

Él jamás tembló ante el juicio. Él sabía que estaba en el centro de la voluntad de Su Padre, que el poder que ellos tenían para tratarle, les había sido delegado por Su Padre y que el Padre sabía bien. No se resistió ante el arresto, sino que se sometió. Aceptó padecimientos, persecución, juicio y castigo como parte de Su vida.

En quinto lugar, Jesús no se quejó cuando fue perseguido o castigado. Ni siquiera una vez se quejó de este innoble trato. Fue insultado y recibió este trato innoble de aquellos que le conocían mejor. La justicia fue distorsionada en Su momento de juicio y, con todo esto, nuevamente ÉL lo aceptó todo normalmente. Él estaba cumpliendo sus propias palabras cuando le dijo a Pedro *"Mete tu espada en la vaina. ¿No he de beber la copa que el Padre me ha dado?"* (Juan 18:11). El Padre le había dado la copa y no al enemigo. Él estaba en las manos del Padre y no en las manos del enemigo. Por lo tanto, EL pudo relajarse bajo las más difíciles circunstancias.

LOS SUFRIMIENTOS DE LOS PRIMEROS DISCÍPULOS Y SUS ACCIONES ANTE ESTOS

Demos un vistazo a los padecimientos de Esteban. ¿Cuál fue su crimen? Su crimen fue:

1. Estar lleno de la gracia, de poder y hacer grandes maravillas y señales entre las personas.
2. Sus oponentes, los cuales disputaban con él, no podían soportar la sabiduría y el Espíritu con el cual él hablaba.
3. Ellos agitaban a los ancianos y a las personas contra él y llevaban falsos testigos contra él.
4. Le miraban y su rostro era como el de un ángel.

5. El predicó a Cristo y llamó a las personas por lo que eran, diciendo, "*¡Duros de cerviz e incircuncisos de corazón y de oídos! Vosotros resistís siempre al Espíritu Santo. Como vuestros padres, así también vosotros. ¿A cuál de los profetas no persiguieron vuestros padres? Y mataron a los que de antemano anunciaron la venida del Justo. Y ahora habéis venido a ser sus traidores y asesinos. ¡Vosotros que habéis recibido la ley por disposición de los ángeles, y no la guardasteis!*" (Hechos 7:51-53).

¿Cómo reaccionó él ante la persecución? La Biblia dice: "*Escuchando estas cosas, se enfurecían en sus corazones y crujían los dientes contra él. Pero Esteban, lleno del Espíritu Santo y puestos los ojos en el cielo, vio la gloria de Dios, y a Jesús que estaba de pie a la diestra de Dios. Y dijo: — ¡He aquí, veo los cielos abiertos y al Hijo del Hombre de pie a la diestra de Dios! Entonces gritaron a gran voz, se taparon los oídos y a una se precipitaron sobre él. Le echaron fuera de la ciudad y le apedrearon. Los testigos dejaron sus vestidos a los pies de un joven que se llamaba Saulo. Y apedreaban a Esteban, mientras él invocaba diciendo: — ¡Señor Jesús, recibe mi espíritu! Y puesto de rodillas clamó a gran voz: — ¡Señor, no les tomes en cuenta este pecado! Y habiendo dicho esto, durmió.*" (Hechos 7:54-60)

Él no se defendió, no se resistió, no los culpó, no les deseó lo peor por sus acciones, sino que pidió a Dios que pudiera perdonarlos. Él actuó en todo esto como su Señor y salvador.

¿Qué hay de Pablo? Desde el mismo inicio de su vida cristiana, el Señor dijo sobre él, "*Porque yo le mostraré cuánto le es necesario padecer por mi nombre.*" (Hechos 9:16).

¡Y sufrió! El resume sus sufrimientos de la siguiente forma, *"Cinco veces he recibido de los judíos cuarenta azotes menos uno; tres veces he sido flagelado con varas; una vez he sido apedreado; tres veces he padecido naufragio; una noche y un día he estado en lo profundo del mar. Muchas veces he estado en viajes a pie, en peligros de ríos, en peligros de asaltantes, en peligros de los de mi nación, en peligros de los gentiles, en peligros en la ciudad, en peligros en el desierto, en peligros en el mar, en peligros entre falsos hermanos; en trabajo arduo y fatiga, en muchos desvelos, en hambre y sed, en muchos ayunos, en frío y en desnudez Y encima de todo, lo que se agolpa sobre mí cada día: la preocupación por todas las iglesias. ¿Quién se enferma sin que yo no me enferme? ¿A quién se hace tropezar sin que yo no me indigne?"* (2 Corintios 11:24-29)

No solo sufrió, sino que quería sufrir. Una de sus primeras ambiciones fue la de compartir con el Señor en Sus padecimientos. Consideraba un privilegio el padecer por Cristo y finalmente selló su testimonio con su sangre.

¿Qué hay de Pedro? Este fue golpeado, amenazado, encarcelado y finalmente, también pago el precio supremo - la pena de muerte -.

Sí, todos los primeros discípulos sufrieron. Esto fue en ellos una parte integral del pertenecer al Señor. Para ellos el Señor y la cruz eran uno, y no trataron de separarlos. Santiago fue martirizado. Ellos lo perdieron todo y lo aceptaron felizmente por el Señor.

LOS SUFRIMIENTOS DE LOS DISCÍPULOS DE HOY DÍA

A. LO PROMETIDO

Jesús dijo, *"Acordaos de la palabra que yo os he dicho: 'El siervo no es mayor que su Señor.' Si a mí me han perseguido, también a vosotros os perseguirán."* (Juan 15:20). *"Y seréis aborrecidos de todos por causa de mi nombre"* (Mateo 10:22). Pero antes de estas cosas os echarán mano y os perseguirán. Os entregarán a las sinagogas y os meterán en las cárceles, y seréis llevados delante de los reyes y gobernantes por causa de mi nombre. Esto os servirá para dar testimonio. Decidid, pues, en vuestros corazones no pensar de antemano cómo habéis de responder. Porque yo os daré boca y sabiduría, a la cual no podrán resistir ni contradecir todos los que se os opongan. Y seréis entregados aun por vuestros padres, hermanos, parientes y amigos; y harán morir a algunos de vosotros. Seréis aborrecidos por todos a causa de mi nombre, pero ni un solo cabello de vuestra cabeza perecerá. Por vuestra perseverancia ganaréis vuestras almas. (Lucas 21:12-17).

El apóstol Pablo, luego de muchos años en la escuela del padecimiento escribió: *"También todos los que quieran vivir piadosamente en Cristo Jesús serán perseguidos."* (2 Timoteo 3:12), y *"Porque se os ha concedido a vosotros, a causa de Cristo, no solamente el privilegio de creer en él, sino también el de sufrir por su causa."* (Filipenses 1:29).

B. HABRÁN DE CONSIDERAR LA AFLICCIÓN COMO BENDICIÓN

El Señor dijo, "Bienaventurados los que son perseguidos por causa de la justicia, porque de ellos es el reino de los cielos. *"Bienaventurados sois cuando os vituperan y os persiguen, y dicen toda clase de mal contra vosotros por mi causa, mintiendo. Gozaos y alegraos, porque vuestra recompensa es grande en los cielos; pues así persiguieron a los profetas que fueron antes de vosotros."* (Mateo 5:10-12)

Un siervo del Señor Jesús, Santiago, escribió, *"Hermanos míos, tenedlo por sumo gozo cuando os encontréis en diversas pruebas, sabiendo que la prueba de vuestra fe produce paciencia. Pero que la paciencia tenga su obra completa para que seáis completos y cabales, no quedando atrás en nada."* (Santiago 1:2-4).

C. CON EXPERIENCIAS

Todos los discípulos experimentan padecimientos, pero esto no es algo que les es impuesto, al momento en que rechazan a Cristo o el comprometerse, sus padecimientos terminan. Podrán ser apedreados, podrán ser insultados, podrá haber falsas acusaciones, podrá haber interrupciones de la economía, podrá ser que el discípulo sea echado de su casa o repudiado. Vivirá en constante incertidumbre, sin saber cuál será el próximo paso en su contra. Podrá ser golpeado, aprisionado y asesinado. Estas son duras realidades y todos los discípulos pudieran experimentarlas en cierta medida.

Si usted ha de convertirse en un discípulo, su actitud frente a los padecimientos debe ser afirmada. Deberá tener una mente definida para padecer. Debe estar preparado para aceptar los padecimientos que habrán de venir día a día, para que así, de una forma verdadera, usted muera diariamente. Entonces, cuando la suprema muerte física llegue, no habrá algo nuevo para usted. Todo aquel aspirante a discípulo debe hacerse a sí mismo las siguientes preguntas: "¿Ha sido fijada la actitud de mi corazón para padecer?, ¿tengo una mente para padecer?, ¿sería fiel a Cristo, incluso si esto representa la muerte, o algún otro castigo? ¿Estoy preparado para padecer con gozo por el Señor?". Medite cuidadosamente sobre estas interrogantes y pídale al Señor que revele la actitud de su corazón. Evite superficiales y precipitados "SI", porque Dios permitirá persecución para probar su sinceridad. También debe, de igual forma, preguntarse algo, "¿Qué he sufrido ya por Su causa?", ÉL le pregunta, "¿Que has sufrido por Mí, que di de mi todo al morir por ti?"

Es posible resignarse a los padecimientos y decir, *"Bueno, supongo que no tengo otra alternativa ¿Qué más puedo hacer?". Ésta, sin embrago no fue la actitud del señor Jesús ante esta situación. Él aceptó la voluntad de Dios, la cual incluía el padecer con regocijo. Un día antes de morir por usted, ÉL dijo, "Cuando Judas había salido, dijo Jesús: — Ahora es glorificado el Hijo del Hombre, y Dios es glorificado en él."* (Juan 13-31). De aceptar los vituperios o los padecimientos con regocijo, usted no se quejará o se amargará. Usted no odiará sus tormentas, sino que agradecerá a Dios por ellas.

D. MOMENTÁNEO

Los padecimientos de los discípulos son por un tiempo. El apóstol Pedro dice: *"En esto os alegráis, a pesar de que por ahora, si es necesario, estéis afligidos momentáneamente por diversas pruebas,"* (1 Pedro 1:6) *"Y cuando hayáis padecido por un poco de tiempo, el Dios de toda gracia, quien os ha llamado a su eterna gloria en Cristo Jesús, él mismo os restaurará, os afirmará, os fortalecerá y os establecerá."* (1 Pedro 5:10).

El Padre celestial usa los padecimientos para perfeccionar a Sus hijos para Su reino venidero, como un diestro orfebre. Él no permitirá que ningún discípulo soporte más padecimientos, de los que son necesarios para su perfección. Si tu padecimiento continúa por un poco más, es posible que sea porque eres Su "metal escogido", el cual necesita el mejor tratamiento de Sus manos. Regocíjese en sus padecimientos. Encomiéndese a ÉL. Grande galardón será suyo cuando ÉL regrese. El apóstol Pablo dijo de este modo, *"Porque considero que los padecimientos del tiempo presente no son dignos de comparar con la gloria que pronto nos ha de ser revelada."* (Romanos 8:18). Y el apóstol Pedro agrega, *"Antes bien, gozaos a medida que participáis de las aflicciones de Cristo, para que también en la revelación de su gloria os gocéis con regocijo."* (1 Pedro 4:13).

RENUNCIACIÓN

TOTAL RENUNCIACION DE TODA RIQUEZA

El Señor Jesús dijo, "Así, pues, cualquiera de vosotros que no renuncia a todas las cosas que posee, no puede ser mi discípulo." (Lucas 14:33). Él no dijo que 'si alguno de ustedes está dispuesto o preparado para renunciar' Él dijo, "Así, pues, cualquiera de vosotros que no renuncia". Él no dijo, "Cualquiera de vosotros que no renuncie a algo, o a una parte, o a lo mejor de lo que tiene, no puede ser mi discípulo". ÉL DIJO "TODO". Mientras escribimos esto, no hemos de empañar la palabra de Dios o comprometerla a causa de nuestros errores en el pasado. Lo exponemos, como el Señor dijo, y Dios tiene la verdad y todo hombre es mentiroso.

a. RENUNCIAR A TODO ES POSIBLE

El Señor Jesús hizo la petición. Él no estaba hablando sobre algo que no pudiera hacerse. Él no estaba presentando un estándar para que los discípulos intentasen alcanzar y se contentaran porque se habían acercado al mismo. Jesús quiso decir que Él habría de tener discípulos y que cada uno de éstos habrían de ser personas que habían abandonado todo aquello que poseían. El sugerir que esto es imposible, sería acusar a Dios de que demanda o pide algo que es imposible.

b. EL SEÑOR JESUS RENUNCIÓ A TODO

Antes de venir a la tierra, el Señor Jesús vivió en todo lujo y gloria en los cielos. No conocía de carencias. Era rico. No obstante, cuando decidió volverse hombre y venir a nuestro mundo, ÉL renuncio a toda Su gloria, poder, posesiones y todo. En la tierra, Él vivió en pobreza, ni lugar tenía donde recostar su cabeza. El apóstol, refiriéndose a Él, dijo, "*Porque conocéis la gracia de nuestro Señor Jesucristo, que siendo rico, por amor de vosotros se hizo pobre, para que vosotros con su pobreza fueseis enriquecidos.*" (2 Corintios 8:9). Así que cuando el Señor llama a las personas a renunciar a todo, ÉL está llamándolos a tomar un camino por el cual ÉL mismo una vez anduvo.

c. LOS PRIMEROS DISCIPULOS ABANDONARON TODO

La Biblia describe el llamado de los primeros cuatro discípulos en las siguientes palabras, "*Y pasando junto al mar de Galilea, vio a Simón y a Andrés hermano de Simón, echando la red en el mar; porque eran pescadores. Jesús les dijo: "Venid en pos de mí, y os haré pescadores de hombres." De inmediato dejaron sus redes y le siguieron. Al ir un poco más adelante, vio a Jacobo hijo de Zebedeo y a su hermano Juan. Ellos estaban en su barca arreglando las redes. En seguida les llamó; y ellos, dejando a su padre Zebedeo en la barca junto con los jornaleros, se fueron en pos de él.*" (Marcos 1:16-20).

A estos pescadores profesionales cuyas vidas estaban unidas al mar y los cuales habían desarrollado un lucrativo negocio de pesca, el Señor llamó, y ellos respondieron inmediatamente dejando todo y siguiéndole. Ellos no discutieron y debatieron sobre que sería del negocio cuando se hubieran marchado.

Ellos no se preguntaron cómo serían alimentados sus padres si el negocio colapsaba. Ellos no pensaron en sus padres de vuelta en casa y cómo se sentirían si no regresaban para explicar todo acerca de su llamado. Ellos no pidieron garantía de si habrían de ser alimentados y vestidos. Ellos no pidieron los detalles sobre la naturaleza de su futuro negocio. Todo lo que sabían era que el Señor de toda gloria los había invitado a seguirle, que tal privilegio llegaba a pocos y que no debían dejarlo pasar. Conocían lo que les costaría y prefirieron la pérdida con ÉL, más que el ganar todo el mundo sin ÉL.

¿Y qué hay de Leví, el recaudador de impuestos? La Biblia dice: *"Después de esto, Jesús salió y vio a un publicano llamado Leví, sentado en el lugar de los tributos públicos. Y le dijo: — ¡Sígueme! El, dejándolo todo, se levantó y le siguió."* (Lucas 5:27-28). Este experimentado siervo civil, quien probablemente estableció un buen record, con posibilidades de una buena pensión, se topó con el Señor Jesús y su invitación. Abandonó carrera, confort, seguridad y todo, por las 'incertidumbres' de vivir con AQUEL quien no le dio garantías de una carrera, de confort y seguridad, y aun así se sintió comprometido a seguir a Jesús a cualquier costo. ¿Qué pensaron sus colegas de él? Posiblemente pensaron que había enloquecido, pero como Moisés, quien "consideró el oprobio por Cristo como riquezas superiores a los tesoros de los egipcios, porque fijaba la mirada en el galardón." (Hebreos 11:26), siguió adelante con el Señor.

Los primeros discípulos no abandonaron sus posesiones del todo, sino que retuvieron todo lo que tenían para el bien en común de todos los hermanos. La Biblia dice: *"La multitud de los que habían creído era de un solo corazón y una sola alma. Ninguno decía ser suyo propio nada de lo que poseía, sino que todas las cosas les eran comunes. Con gran poder los apóstoles daban testimonio de la resurrección del Señor Jesús, y abundante gracia había sobre todos ellos. No había, pues, ningún necesitado entre ellos, porque todos los que eran propietarios de terrenos o casas los vendían, traían el precio de lo vendido y lo ponían a los pies de los apóstoles. Y era repartido a cada uno según tenía necesidad. Entonces José, quien por los apóstoles era llamado Bernabé (que significa hijo de consolación) y quien era levita, natural de Chipre, como tenía un campo, lo vendió, trajo el dinero y lo puso a los pies de los apóstoles."* (Hechos 4:32-37).

EL JOVEN RICO FALLÓ EN ABANDONARLO TODO (Marcos 10:17-31).

Cuando salía para continuar su camino, un hombre vino corriendo, se puso de rodillas delante de él y le preguntó: — Maestro bueno, ¿qué haré para obtener la vida eterna? Pero Jesús le dijo: — ¿Por qué me llamas "bueno"? Ninguno es bueno, sino sólo uno, Dios. Tú conoces los mandamientos: No cometas homicidio, no cometas adulterio, no robes, no des falso testimonio, no defraudes, honra a tu padre y a tu madre. Pero él le dijo: — Maestro, todo esto he guardado desde mi juventud. Entonces al mirarlo Jesús, le amó y le dijo: — Una cosa te falta: Anda, vende todo lo que tienes y dalo a los pobres; y tendrás tesoro en el cielo. Y ven; sígueme. Pero él, abatido por esta palabra, se fue triste, porque tenía muchas posesiones. (Marcos 10:17-22).

Este joven fue ejemplar en muchas áreas de su vida:

1. El pasó la prueba de la urgencia, ya que no caminó hacia Jesús sino que corrió a ÉL.
2. Pasó la prueba de humildad, ya que no se quedó en pie para realizar sus preguntas sino que se arrodilló ante el Señor.
3. Pasó la prueba de inteligencia, ya que formuló la pregunta correcta a la persona correcta.
4. Pasó la prueba de discernimiento, ya que no realizó una pregunta trivial, sino que vino por un asunto importante de la vida y habló.
5. Pasó la prueba de obediencia a las demandas legales de la ley, ya que le dijo a Jesús, "Todo esto he guardado desde mi juventud". Jesús, que conocía el corazón de los hombres, no lo contradijo. El Señor aceptó el hecho de que era moralmente perfecto.
6. Ganó el amor del Señor. La Biblia dice: "Entonces al mirarlo Jesús, lo amó". El Señor amó a todos, pero solo algunas pocas personas son mencionadas en particular como que fueron 'amadas por el Señor'. Este joven pertenece a esta clase privilegiada. Pero, falló la prueba de abandonarlo todo. Su dedicación por las cosas materiales fue mayor que su dedicación por la vida eterna. Su compromiso con él mismo fue mayor que su compromiso para con el Señor Jesús.

Su fallo ante la prueba de abandonarlo todo, le trajo completa ruina espiritual. El perdió la oportunidad del cielo por completo. Las seis pruebas que aprobó resultaron ser inservibles, ya que obtuvo la misma nota de aquellos que jamás pasaron un examen.

El Señor invita a todos los aspirantes a discípulos a abandonarlo todo. Todo aquel que le desobedezca, quedará completamente excluido. No hay futuro para alguien que espere seguir al Señor parcialmente. Al joven rico le fue dicho, "Te falta una cosa" (Marcos 10:21). El Señor también le dice a usted hoy, "Te falta una cosa." Él no permitió que el joven rico comenzara a buscar, analizara y tratara de encontrar aquello que le faltaba, sino que el mismo Jesús se lo dijo claramente. El Señor quiere hablar con usted claramente, Él le dice: "Usted carece..." ¿Entiende? El Señor le pidió hacer algo al respecto. A usted también, vaya y haga algo al respecto, sino, podría ser descalificado.

LA RAÍZ DE TODO MAL

Cuando el Señor Jesús detuvo a Saulo de Tarso en el camino a Damasco, una carrera acabó ahí y una nueva nació en el corazón del antiguo fariseo. Una ambición pereció inmediatamente, y otra ambición, la de ganar a Cristo, se volvió su razón de vivir. Lo que sea que había adquirido de bienes terrenos, lo abandonó completamente, y diría después, *"Pero las cosas que para mí eran ganancia, las he considerado pérdida a causa de Cristo. Y aún más: Considero como pérdida todas las cosas, en comparación con lo incomparable que es conocer a Cristo Jesús mi Señor. Por su causa lo he perdido todo y lo tengo por basura, a fin de ganar a Cristo y ser hallado en él..."* (Filipenses 3:7-9).

Este apóstol escribió a un hombre más joven de Dios, diciendo, *"Sin embargo, grande ganancia es la piedad con contentamiento. Porque nada trajimos a este mundo, y es evidente que nada podremos sacar. Así que, teniendo el sustento y con qué cubrirnos, estaremos contentos con esto.* Porque *los que desean enriquecerse caen en tentación y trampa, y en muchas pasiones insensatas y dañinas que hunden a los hombres en ruina y perdición. Porque el amor al dinero es raíz de todos los males; el cual codiciando algunos, fueron descarriados de la fe y se traspasaron a sí mismos con muchos dolores."* (1 Timoteo 6:6-10).

Sin embargo, este apóstol no se cruzó de brazos sin hacer algo porque el amor al dinero era la raíz de todo mal. ¡Oh NO! Todo lo contrario, él trabajó muy duro con sus manos, haciendo dinero para sus necesidades y para las necesidades de aquellos que trabajaban con él. Él estaba satisfecho, con, o sin dinero. Él dijo, *"No lo digo porque tenga escasez, pues he aprendido a contentarme con lo que tengo. Sé vivir en la pobreza, y sé vivir en la abundancia. En todo lugar y en todas las circunstancias, he aprendido el secreto de hacer frente tanto a la hartura como al hambre, tanto a la abundancia como a la necesidad."* (Filipenses 4:11-12).

LO QUE LOS DISCIPULOS DEBEN HACER: GUARDAR TESOROS EN LOS CIELOS

Cada discípulo debe trabajar duro y ganar todo el dinero que le sea posible ganar, siempre y cuando no deshonre el nombre del Señor. ¿Qué debe hacer este para dejarlo todo?

Este debe invertir lo mínimo de todo lo que tiene en alimento,

ropa y otras necesidades reales de la vida, sin consentir lujos
o cosas similares. Todo lo que no es usado para satisfacer
estas necesidades básicas, debe ser usado para:

1. Suplir las necesidades de los hermanos. Esto significa que
ningún hermano o hermana se le debe permitir continuar en
necesidad mientras usted tiene dinero o pertenencias.

2. Suplir las necesidades del ministerio del evangelio,
produciendo tratados (volantes) y otros materiales
instructivos, evangelistas, plantando y construyendo iglesias,
así como el Señor conduce y provee para las necesidades de
las personas involucradas en estos ministerios, siempre que
el ministerio satisfaga las siguientes condiciones:

A. Sea llevado de acuerdo a la voluntad de Dios, no
admitiendo nada que sea llevado a cabo según tradiciones
humanas o que no sea de acuerdo a Cristo y su Palabra (La
Santa Biblia).
B. Que sea llevado a cabo solo para la gloria del Señor y
solamente para Su gloria, no admitiendo cosa alguna que
tenga como meta la glorificación de algún individuo, de un
grupo de los mismos, de un sistema, filosofía, doctrina o
denominación. Si usted admitiera semejantes cosas, habrá de
dar cuentas en el día del juicio.
C. Que sea cumplido por personas que caminen cerca del
Señor en pureza. Que no admita el pecado y placeres para
continuar en sus insensateces, o de algún modo usted se
volverá cómplice en sus pecados.

3. Que el dinero no sea almacenado para el futuro. El

trabajo de Dios debe hacerse hoy. Las muchas necesidades de la empresa del evangelio de hoy deben ser satisfechas, no conocemos lo que nos depara el futuro, debemos hoy confiar al Señor las necesidades del mañana y usar todo lo que tenemos para satisfacer hoy Sus necesidades, necesitamos creerle para suplir todas nuestras necesidades del mañana. Si no podemos tener confianza en ÉL, pero queremos tener nuestra confianza en una cuenta bancaria o en alguna propiedad, pronto hallaremos que hemos perdido completamente y que no somos Sus discípulos.

El dinero empleado en los puntos 1 y 2, es dinero guardado en los cielos, esto es, tesoro guardado con Dios en el cielo. Éste es nuestro único tesoro, el cual nadie puede arrebatarnos.

¿Dónde está tu tesoro? ¿Está sobre la tierra o en el cielo? Usted sabrá.

CONTINUAR EN
LA PALABRA

Por tanto, Jesús decía a los judíos que habían creído en él: —
Si vosotros permanecéis en mi palabra, seréis verdaderamente
mis discípulos; y conoceréis la verdad, y la verdad os hará
libres. (Juan 8:31-32).

COMENZANDO EN LA PALABRA

La vida cristiana tiene su inicio en la Palabra, la fe inicial
que nos lleva al reino proviene del oír la Palabra. La Biblia
dice: *"Por esto, la fe es por el oír, y el oír, por la palabra de
Cristo"* (Romanos 10:17). El eunuco etíope fue traído a
Cristo a través de la predicación de la Palabra. La Biblia dice:
"Entonces Felipe abrió su boca, y comenzando desde esta
Escritura, le anunció el evangelio de Jesús." (Hechos 8:35).
Aunque cada creyente comienza en la palabra, muchos no
continúan en ella. Aquellos que continúan en la Palabra son
discípulos. ¿Por qué debemos continuar en la Palabra con
vistas a ser verdaderos discípulos? Esto es a causa de las
siguientes razones:

LA PALABRA ES NECESARIA PARA LA VICTORIA

La vida cristiana está llena de conflictos. Aquellos que han
de continuar, deben conocer cómo resistir contra los ataques
del maligno. La Biblia dice: *"porque nuestra lucha no es contra
sangre ni carne, sino contra principados, contra autoridades,
contra los gobernantes de estas tinieblas, contra espíritus de*

maldad en los lugares celestiales. Por esta causa, tomad toda la armadura de Dios, para que podáis resistir en el día malo, y después de haberlo logrado todo, quedar firmes. Permaneced, pues, firmes, ceñidos con el cinturón de la verdad, vestidos con la coraza de justicia y calzados vuestros pies con la preparación para proclamar el evangelio de paz. Y sobre todo, armaos con el escudo de la fe con que podréis apagar todos los dardos de fuego del maligno. Tomad también el casco de la salvación y LA ESPADA DEL ESPIRITU, QUE ES LA PALABRA DE DIOS" (Efesios 6:12-17).

Jesús uso la Palabra para vencer al maligno. En la hora oscura cuando ÉL fue atacado por el príncipe de este mundo, ÉL constantemente usó la Palabra de Dios para vencer. Él le dijo al maligno, *"Escrito está: No solo de pan vivirá el hombre, sino de toda palabra que sale de la boca de Dios"* (Mateo 4:4).

"La Palabra de Dios es viva y eficaz, y más penetrante que espada de doble filo, que penetra hasta partir el alma y el espíritu, las coyunturas y los tuétanos, y discierne los pensamientos y las intenciones del corazón." (Hebreos 4:12).

LA PALABRA ES NECESARIA PARA EL CRECIMINETO

El alimento es necesario para el crecimiento del cuerpo. Si un niño que nace no es alimentado con la comida correcta y en las porciones correctas, no crecerá saludable. El Señor Jesús dijo, *"Escrito está: No solo de pan vivirá el hombre, sino de toda palabra que sale de la boca de Dios*" (Mateo 4:4). Aquellos que lean más la Palabra de Dios y mediten en ella, habrán de ser aquellos que progresarán. Aquellos que no lean, tendrán hambre. Para que muchas personas vengan a la preservación del conocimiento del Señor, debe haber un incremento en la proclamación y en el avance de la Palabra de Dios. La Biblia dice: "*Y la palabra de Dios crecía, y el número de los discípulos se multiplicaba en gran manera en Jerusalén; inclusive un gran número de sacerdotes obedecía a la fe.*" (Hechos 6:7).

Vivimos en una era donde las personas gustan de cosas instantáneas. Existe el té instantáneo, café instantáneo, etc. Sin embargo, no hay crecimiento instantáneo. Todo aquel que quiera crecer debe continuar en la Palabra, porque sin la misma, el discípulo no ira a ningún lado.

LA PALABRA DEBE SER AMADA

La Biblia es una carta de amor escrita por el señor Jesús, remitida a aquellos que le aman. Tal y como una amante ama una carta de amor escrita por aquel que ella ama, así todos aquellos que aman al Señor habrán de amar su Palabra. En la medida en que una persona ame la Palabra de Dios, se reflejará su amor por el Señor. Aquellos que le aman, habrán de amar Su Palabra profundamente. Éstos se alimentan en ella, encontrando su alegría y gozo en ella. El salmista expresó su amor por el Señor en las siguientes Palabras: "*La ley de Jehovah es perfecta; restaura el alma. El testimonio de Jehovah es fiel; hace sabio al ingenuo. Los preceptos de Jehovah son rectos; alegran el corazón. El mandamiento de Jehovah es puro; alumbra los ojos. El temor de Jehovah es limpio; permanece para siempre. Los juicios de Jehovah son verdad; son todos justos. Son más deseables que el oro, más que mucho oro fino. Son más dulces que la miel que destila del panal.*" (Salmo 19:7-10). "*Se consume mi alma por anhelar tus preceptos en todo tiempo.*" (Salmo 119:20). "*A medianoche me levanto para darte gracias por tus justos juicios*" (Salmo 119:62). "*¡Cuan dulces son a mi paladar tus palabras, más que la miel en mi boca!*" (Salmo 119:103). El amor por el Señor producirá amor por Su Palabra y éste amor por ÉL y Su Palabra conducirán a:

a) UN ESTUDIO DE LA PALABRA

El estudiar la Palabra de Dios va más allá de solo leerla. Esto incluye meditación, aferrarse a ella y abundar alrededor de ella - esperando que Dios nos la explique - y aplicándola en todo sentido. A Josué le fue dicho: "*esfuérzate y sé muy valiente, para cuidar de cumplir toda la ley que mi siervo Moisés te mandó. No te apartes de ella ni a la derecha ni a la izquierda, para que tengas éxito en todo lo que emprendas. Nunca se aparte de tu boca este libro de la Ley; más bien, medita en él de día y de noche, para que guardes y cumplas todo lo que está escrito en él. Así tendrás éxito, y todo te saldrá bien.*" (Josué 1:7-8).

Josué habría de ser uno con la Palabra de Dios, en conocerla y obedecerla. Ese habría de ser su secreto para tener éxito. Ahí está el secreto para que todos los aspirantes a discípulos tengan éxito.

La tragedia de nuestra generación descansa sobre el amor superficial. ¿Dónde están aquellos que habrán de tomar la Palabra de Dios con seriedad?, ¿dónde están aquellos que habrán de arriesgar todo por esto?

b) UNA MEMORIZACIÓN DE LA PALABRA DE DIOS

Aquellos que meditan en la palabra del Señor pronto, hallarán que deben memorizarla. Cuando el Señor fue tentado por el demonio en el desierto, ÉL no dijo, "¿Dónde está mi Biblia para así poder leerle un versículo a satán?" El usó la Palabra que había guardado en Su corazón. ¡El citó de memoria y citó correctamente! El Salmista dijo, *"En mi corazón he guardado tus dichos para no pecar contra ti."* (Salmos 119:11). Un discípulo alemán estaba siendo torturado por su fe por hipócritas religiosos, ellos tomaron su Biblia y la quemaron. Mas él dijo, "Pueden tenerla. Yo la he guardado toda en mi corazón, exceptuando unos pocos nombres de la genealogía de mi Señor."

Cualquiera que no la memorice y guarde en sí mismo, no prevalecerá a la hora de un repentino ataque por las fuerzas enemigas. ¡Antes de que haya mirado a su Biblia, habrá de ser muy tarde!

Algo aún más serio es lo siguiente: vivimos en la víspera de la más grande persecución de los amantes del Señor Jesús. Durante esta persecución, nuestras Biblias nos serán quitadas y quemadas. ¿Qué habremos entonces de tener para combatir durante aquellos amargos meses y años, sino lo que hayamos guardado en nuestros corazones? ¿Cuán preparado está usted? El continuar en la Palabra es continuar en la memorización Bíblica.

c) UN ASIENTO BAJO EL MINISTERIO DE UN PROFESOR BIBLICO

El apóstol consideró que su primer ministerio era el ministerio de la Palabra. Los primeros discípulos *"perseveraban en la doctrina de los apóstoles"* (Hechos 2:42). Pablo encargó a Timoteo, diciendo, *"Lo que oíste de parte mía mediante muchos testigos, esto encarga a hombres fieles que sean idóneos para enseñar también a otros."* (2 Timoteo 2:2). Para un buen progreso con la Palabra, uno debe estar sentado bajo el ministerio de enseñanza de un profesor bíblico, dotado del Espíritu Santo. Hay muchos predicadores y evangelistas, pero hay poquísimos profesores en el mundo. Hay muchos predicadores que han tomado el profundo significado de la Palabra de Dios, han desarrollado las implicaciones prácticas de la Palabra claramente y luego las han aplicado, primeramente a sus vidas, y por la gracia de

Dios son encomendados a permitirles a otros que entiendan, desarrollen las implicaciones prácticas y, como el profesor, lo apliquen, sin el compromiso a su propia vida.

d) UNA OBEDIENCIA A LA PALABRA

El último propósito de todo verdadero estudio de la Palabra es que este conduzca a la obediencia. Dios quiere personas que obedezcan. El conocimiento teórico debe hacer camino al conocimiento práctico. El siervo del Señor Jesús escribió, *"Pero sed hacedores de la palabra, y no solamente oidores, engañándoos a vosotros mismos. Porque cuando alguno es oidor de la palabra y no hacedor de ella, éste es semejante al hombre que mira su cara natural en un espejo. Se mira a sí mismo y se marcha, y en seguida olvida cómo era. Pero el que presta atención a la perfecta ley de la libertad y que persevera en ella, sin ser oidor olvidadizo sino hacedor de la obra, éste será bienaventurado en lo que hace."* (Santiago 1:22-25).

La obediencia conducirá a experimentar toda la verdad y todo aquel que experimenta la verdad, es libre. Si usted va a ser un discípulo, ¡estudie la Palabra, conózcala, experiméntela y entonces estará libre! De no hacer nada de esto, usted ha abandonado el discipulado.

Antes de dejar este tema de continuar en la Palabra de Dios, quisiera traer dos pensamientos más para que usted medite en ellos. El primero tiene que ver con el obedecer la Palabra no escrita. La Biblia cuenta, *"Un ángel del Señor habló a Felipe diciendo: "Levántate y ve hacia el sur por el camino que desciende de Jerusalén a Gaza, el cual es desierto." Él se levantó y fue..."* (Hechos 8:26-27). El Señor le habló a Felipe a través de un ángel. Aun hoy día, Dios habla a través de ángeles, sueños, visiones, revelaciones diversas, etc. Aunque debemos chequear para asegurarnos de que las voces, sueños, visiones y demás no son mentiras del demonio. No hemos de rechazarlas. Cuando usted haya discernido o puesto en orden de que la cierta visitación es del Señor, debe continuar y obedecer en lo que ha de satisfacer al Señor. ¡Dios le bendiga a lo largo de este bendecido pero escarpado camino!

Lo segundo es que la Palabra de Dios, estudiada, comprendida, proclamada y vivida, inevitablemente conllevará a persecución. El Señor Jesús fue perseguido, básicamente, por Sus palabras. Lo mismo se aplica al primer mártir, Esteban, y a todos aquellos que fueron perseguidos por causa del Señor. La persecución siempre viene a causa de la Palabra. ¿Está usted preparado para esto? Continuar en la Palabra del Señor implica que usted continúa en aquello que le conducirá a padecimientos y persecuciones. ¿Aun así continuará en la Palabra?

DANDO FRUTOS

1) PRUEBA DEL DISCÍPULO

El Señor Jesús dijo, *"En esto es glorificado mi Padre: en que llevéis mucho fruto y seáis mis discípulos."* (Juan 15:8). El Señor estaba diciendo: el fruto será la prueba del discípulo. Él también estaba diciendo: "Una forma de glorificar a Dios es llevando frutos". Así que los frutos sirven para glorificar a Dios y para probar al discípulo. Decimos con vehemencia, que sin frutos no hay gloria por parte del hombre para el Padre, ni evidencia de la existencia de verdaderos discípulos.

2) EL PROPÓSITO DEL LLAMADO Y ORDENAMIENTO DE DISCIPULOS

El Señor Jesús continua diciendo, "Vosotros no me elegisteis a mí; más bien, yo os elegí a vosotros, y os he puesto para que vayáis y llevéis fruto, y para que vuestro fruto permanezca;" (Juan 15:16). Entonces el Señor estaba diciendo: 'Vuestra elección y ordenamiento tiene como meta el producir frutos que permanezcan'. El Señor está en contra de la esterilidad, Él maldijo la higuera estéril y la eliminó por completo. Él dijo, *"Toda rama que en mí no está llevando fruto, la quita; y toda rama que está llevando fruto, la limpia para que lleve más fruto."* (Juan 15:2). Juan el Bautista dijo: *"El hacha ya está puesta a la raíz de los árboles. Por tanto, todo árbol que no da buen fruto es cortado y echado al fuego."* (Mateo 3:10)

EL SIERVO QUE SOLO TENIA UN TALENTO, EL CUAL ENTERRÓ, NO SOLO PERDIÓ ESTE ÚNICO TALENTO, SINO QUE FUE ECHADO EN LAS TINIEBLAS DE AFUERA. (Mateo 25:28-30).

3) TRES ÁREAS "DEL LLEVAR FRUTOS"

Hay tres áreas fundamentales 'del llevar fruto':

a) **ALMAS GANADAS PARA CRISTO:** Ya hemos considerado esto en el capítulo 3 del libro 2 en estas series y, por tanto, lo dejamos ahí.

b) **MINISTERIO:** Cada cristiano es llamado para ministrar para el Señor y para el cuerpo del Señor, de una, o muchas formas. El Espíritu Santo da dones para ministrar de acuerdo a Su soberanía y el deseo del discípulo. A continuación hay una lista de las posibles áreas del ministerio, hemos de enumerarlas y no de discutirlas, ya que esto habrá de ser el tema de un meticuloso estudio de uno de los subsiguientes libros de esta serie. Los dones espirituales están explicados de forma resumida en los siguientes pasajes en la Biblia.

Efesios 4:11
   1. Apóstoles
   2. Profetas
   3. Evangelistas

4. Pastores

5. Maestros

1 Corintios 12:8-11

1. Palabra de sabiduría

2. Palabra de conocimiento

3. Fe

4. Dones de sanidad

5. Hacer milagros

6. Profecía

7. Discernimiento de espíritus

8. Géneros de lenguas

9. Interpretación de lenguas

1 Corintios 12:28

1. Apóstoles

2. Profetas

3. Maestros

4. Hacedores de milagros

5. Sanadores

6. Ayudadores

7. Administradores

8. Géneros de lenguas

Romanos 12:6-8

1. Profecía

2. Servicio

3. Enseñanza

4. Exhortación

5. Colaboración

6. Presidir

7. Actuar con misericordia

Parte del llevar fruto contempla el usar uno o muchos de estos dones espirituales para el servicio del Señor y de su Iglesia. Estos dones espirituales son dotaciones recibidas de Dios como Padre y pueden ser recibidos por dos vías.

1. Distribuidos por el Espíritu Santo en su soberanía. La Biblia dice: *"Pero todas estas cosas las realiza el único y el mismo Espíritu, repartiendo a cada uno en particular como él designa."* (1 Corintios 12:11).

2. Son dados a aquellos que los desean. La Biblia dice: *"Seguid el amor; y anhelad los dones espirituales, pero sobre todo, que profeticéis."* (1 Corintios 14:1) *"Si alguien anhela el obispado, desea buena obra."* (1 Timoteo 3:1).

Parte del llevar fruto es el uso de todos los talentos que el Señor nos ha dado para Su servicio y el de su Iglesia. Los talentos son regalos, legados naturales recibidos de Dios como Creador y también pudieran ser hallados en incrédulos. Los verdaderos dones espirituales son las posesiones de los creyentes. Aquellos que no creen en el Señor Jesús, no pueden tener dones o regalos espirituales, ya que no pueden recibir al Espíritu Santo.

Los talentos incluyen algo positivo en el cuerpo, en el alma y en todo legado natural y material. Estos pudieran incluir lo siguiente:

1. Una mente inteligente con capacidad de pensar claramente
2. Éxito académico
3. Un buen trabajo
4. Una posición social influyente
5. Abundancia económica
6. Una personalidad influyente
7. Una buena capacidad para comunicar y convencer a las personas
8. Ser atractivo
9. De naturaleza sensible
10. Capacidad para resolver problemas
11. Liderazgo natural
12. Capacidad de tolerar
13. Capacidad de compadecerse de otros
14. Disposición para ayudar
15. Capacidad para organizar a personas y cosas
16. Capacidad de planificar y ver el plan realizado
17. Una mente de mucha imaginación
18. Capacidad para la exactitud
19. Una buena voz
20. Capacidad de desempeño en escenario
21. Naturaleza comprensiva
22. Capacidad de adaptarse fácilmente
23. Una memoria retentiva
24. Capacidad de hacer amigos fácilmente

25. Bondad natural.

Los talentos tienen que ir a través de la cruz antes de que puedan verdaderamente servir al Señor y a Su pueblo.

CARÁCTER

Otro aspecto del llevar frutos tiene que ver con el carácter. El deseo de Dios es que el carácter de Cristo sea producido en los discípulos por medio del Espíritu Santo. El carácter de Cristo (el fruto del Espíritu Santo) habrá de incluir entre otras cosas:

1. Amor	7. Fidelidad	13. Resignación
2. Gozo	8. Delicadeza	14. Perdón
3. Paz	9. Autocontrol	15. Ternura
4. Paciencia	10. Compasión	16. Gratitud
5. Amabilidad	11. Humildad	
6. Bondad	12. Mansedumbre	

Habremos de considerar este tema del carácter cristiano más completamente en un próximo libro en esta serie.

EL CAMINO PARA LLEVAR FRUTOS

A. AMBICIÓN ESPIRITUAL

Las ambiciones egoístas no tienen lugar en la vida de un aspirante a discípulo. En el mundo, las personas viven para sí mismas. Existen dos tipos de personas en el mundo: aquellas con grandes ambiciones materiales, los cuales a causa de tales ambiciones, alcanzan grandes cosas para sí mismos o para el mundo, y aquellos que a causa de su carencia de ambiciones no llegan a alcanzar algo para sí mismos.

Hay tres posibles clases de creyentes:

1. Aquellos que están atados a sí mismos y quieren lograr grandes cosas para sí mismos. La Biblia prohíbe esto, diciendo, *"¿Y tú buscas para ti grandezas? No las busques"* (Jeremías 45:5).

2. Aquellos que no buscan grandes cosas y se contentan aun sin tener logros.

3. Aquellos que van en busca de grandes cosas para el Señor y su Iglesia.

El Señor está buscando personas capaces de lograr grandes cosas para ÉL. Éstas son ambiciones espirituales. El Señor tuvo ambición espiritual. Las palabras 'YO DEBO' caracterizaron toda su vida. A la edad de 12, dijo: *"Entonces él les dijo: — ¿Por qué me buscabais? ¿No sabíais que en los asuntos de mi Padre me es necesario estar?"* (Lucas 2:49). ""También tengo otras ovejas que no son de este redil. A ellas también me es necesario traer, y oirán mi voz." (Juan 10:16). ¡Él fue movido por un gran sentido de compulsión!.

Pablo tuvo grandes ambiciones espirituales, Él quería conocer a Cristo en su totalidad. Hizo todo lo que pudo para ganar algo. Quiso predicar a Cristo donde aún no había sido nombrado y también quiso exponer las demandas de Cristo ante el mismo Emperador, quiso lograr grandes cosas para el Señor y ¡las obtuvo! Si usted quiere mucho fruto, debe tener grandes ambiciones en áreas como las de ganar almas y el hacerse semejante a Cristo. Por ejemplo, usted debe determinar el testificar ante un cierto número de personas cada día, el aspirar a determinados dones espirituales e insistir en que Dios se los dé para su ministerio y luego los use para el servicio del Señor y Su Cuerpo. También usted debe aspirar al carácter de Cristo para lidiar, sin clemencia, con todo aquel que se interponga en el camino de su santificación. Si usted quiere negocios, tendrá que llegar lejos.

B. METAS DEFINIDAS

Las ambiciones de 'centrarse en Dios' y 'glorificar a Cristo' deben estar materializadas dentro de las metas definidas. Cualquiera que tenga metas borrosas o poco definidas, no alcanzará nada. Las metas de aquel que habrá de tener éxito deberán ser claras, de forma tal que si alguien le despertara a media noche, esté en postura de exponer sus metas de forma correcta y clara.

Tales metas deben ser bastante angostas. Si quisieras lograr hacer todo, terminarías no logrando nada. El apóstol Pablo dijo, *"Pero una cosa hago..."* (Filipenses 3:13). 'Una cosa ', dijo él, y no cien cosas. Sus metas en las tres áreas del llevar frutos deben ser puestas en práctica con claridad y con objetivos sin dobleces, que sean comprensibles para usted y lo suficientemente grandes para envolverle.

C. DISCIPLINA

Una gran ambición, materializada en claras metas, es buena, pero ésta no podrá realizarse sin pagar un alto precio. Alguien dijo, "Deben haber grandes renuncias antes de que puedan haber grandes carreras cristianas". Algo debe irse. Aquí es donde el discípulo entra: un discípulo necesita ser disciplinado. Si usted es indisciplinado, inmediatamente queda descalificando de ser un discípulo o de continuar siendo SU discípulo.

La disciplina significa que usted dice 'NO' a muchas cosas que aunque en sí sean buenas, pudieran entorpecer aquel gran propósito para el cual su vida esté consagrada. Una persona disciplinada es de necesidades limitadas en sus elecciones. Usted no puede invertir en diez cosas. La persona disciplinada no será extravagante en las cosas que ama.

La disciplina significa que el cuerpo es puesto bajo control para servir. La mayoría de las razones por las cuales muchas personas no progresan mucho en el llevar frutos, es porque dan vía libre a sus apetitos, inclinaciones y deseos, que los lanzan en diferentes direcciones. Una persona disciplinada rechazará toda complacencia, seguirá una firme línea de vida sobre lo estrictamente necesario, preguntando respecto a todo "¿Me ayudará esto a cumplir o alcanzar mi única ambición?"

La disciplina significa que el cuerpo es zarandeado cuando es necesario. El apóstol Pablo dijo, *"Por eso yo corro así, no como a la ventura; peleo así, no como quien golpea al aire. Más bien, pongo mi cuerpo bajo disciplina y lo hago obedecer; no sea que, después de haber predicado a otros, yo mismo venga a ser descalificado."* (1 Corintios 9:26-27). Existe una realidad práctica en esto. Recuerdo a un hombre que conocí y amé como he amado a pocos. Él fue un estudiante del seminario a la edad de 40 años. Decidió que estaría entre los tres primero de su clase y para lograr esto estudiaba y estudiaba, ponía sus pies en agua fría cuando tenía sueño, dándose de esta forma el tiempo extra necesario que lo ayudaría a lograr su meta. No hace mucho, conocí al hijo de este hombre. La ambición del hijo era la de conquistar una nación para Jesús. Para lograr esto, decidió orar por muchas horas cada noche.

Fui tocado cuando descubrí que él estaba usando la técnica de su padre. En horas tempranas de la mañana, lo encontré en oración. Había estado orando durante toda la noche con sus pies dentro de un bol de agua fría. Él fue disciplinado, ¡él estaba zarandeando el cuerpo! La indulgencia o complacencia es una tragedia. El amor a dormir, el amor a la comida, el amor al lujo, el amor al placer, entre otros, se encuentran entre los amores más trágicos de la vida. Grandes naciones han sido destruidas a causa de la indulgencia. Sodoma y Gomorra fueron destruidas por el amor a la facilidad y al descanso (Ezequiel 16:49-50). El ejército de Gedeón fue reducido de 10.000 a 300 en la prueba de la indulgencia en la forma de beber. Solo se necesita un poco de indulgencia en una ocasión para arruinar una vida completamente.

Piense en aquellos que practican la indulgencia del dejar para después. ¿Dónde están?, ¿cuán lejos llegaron?, ¿no están arruinados para siempre?

La disciplina significa el mantenerse en una tarea cuando todos los incentivos naturales y emocionales para hacerla se han esfumado. La persona disciplinada obedece a los mandatos y a la voz de Dios, éste avanza sin importarle lo que sienta, o lo que le cueste. Éste se inclina a tener éxito, se esfuerza, presiona y se extiende para alcanzar la meta definida. ¡Éste es el camino del discípulo!

FRUTO PERDURABLE

El Señor está interesado en que haya fruto duradero. Muchos creyentes que van tras el fruto, jamás alcanzan la madurez. Hay una escena en la que el fruto perdurable está a cargo de la soberanía de Dios. En otro sentido, el fruto que perdura está en dependencia de la calidad espiritual de aquel que los produce.

En el área de las personas traídas al reino del Señor, podemos decir sin vacilación que el evangelio predicado por un hombre de varios niveles de espiritualidad habrá de producir varios resultados, tales como 'engendrados'. Aquellos que odian el pecado a fondo y aman al Señor supremamente tenderán a dar a luz los de su propio tipo. De forma similar, el hombre carnal habrá de producir convertidos que caerán.

En el área del ministerio basado en los dones, debe ser recordado que los dones no son gracia. Cuando la necesidad se presenta, Dios puede hablar a través de un asno o hacer que las piedras silben, pero ¿por cuánto tiempo hablarán los asnos y las piedras silbarán? Saúl fue usado, Sansón fue usado, y muchos otros, ¿pero por cuánto tiempo? Los mismos dones pudieran manifestarse en hombres carnales y superficiales y poder ser usados por un tiempo, pero Dios no cuenta con los tales cuando tiene Su propósito eterno en mente.

En el área referente al carácter, ¿no hay muchos que comenzaron fingiendo del amor, dicha y paz de Cristo, pero han estado desde entonces retrocediendo y retrocediendo hacia donde comenzaron?, ¿no vuelve el perro sobre su vómito?

Los talentos, emociones y técnicas humanas pueden mover multitudes por un tiempo, pero solo lo que Dios hace, perdura. Dios no puede ser destruido, como tampoco SUS obras.

ABUNDANTE FRUTO

El Señor de gloria dijo, *"En esto es glorificado mi Padre: en que llevéis mucho fruto y seáis mis discípulos."* (Juan 15:8). También dijo, *"Yo soy la vid, vosotros las ramas. El que permanece en mí y yo en él, éste lleva mucho fruto. Pero separados de mí, nada podéis hacer. Si alguien no permanece en mí, es echado fuera como rama, y se seca."* (Juan 15:5-6).

El abundante fruto es el resultado de permanecer en el Señor, depender del Señor de la cosecha y del Espíritu de la cosecha. Cada discípulo debe aprender esta lección desde el mismo inicio de su andar con Dios. El primer discípulo aprendió esta lección desde bien temprano en su entrenamiento en la escuela del Maestro. La Biblia dice: *"Cuando acabó de hablarles, dijo a Simón: — Boga mar adentro, y echad vuestras redes para pescar. Simón le respondió y dijo: — Maestro, toda la noche hemos trabajado duro y no hemos pescado nada. Pero por tu palabra echaré la red. Cuando lo hicieron, atraparon una gran cantidad de peces, y sus redes se rompían. Hicieron señas a sus compañeros que estaban en la otra barca, para que viniesen a ayudarles. Ellos vinieron y llenaron ambas barcas, de manera que se hundían.*" (Lucas 5:4-7)

La primera cosa que hay que aprender sobre el abundante fruto, es que éste es el resultado del lanzarse al solo mandato de Jesús. Los discípulos se habían lanzado por su propia iniciativa toda la noche y no habían capturado nada; luego el Señor les mando a lanzar las redes y los resultados fueron diferentes.

El abundante fruto (como calculado por Dios y no por el hombre) resulta de un trabajo del cual Dios es el solo Autor. El trabajo debe ser concebido y planeado por Dios. Este trabajo debe ser el trabajo de Dios encomendado al hombre por Dios, las personas deben ser individualmente llamadas al mismo por Dios. Dios no necesita a personas que le sirvan por su propia iniciativa. Él quiere que cada siervo suyo tenga una cita personal de SU parte. Él quiere personas determinadas, en trabajos determinados, en lugares determinados y en el tiempo preciso. El Espíritu Santo, quien es el Director de las Empresas Misioneras de Dios, cita al hombre, selecciona las esferas y el tiempo de su servicio, da los limites necesarios y arrima las fronteras. Cada discípulo y cada aspirante a discípulo necesita detenerse y preguntarse a sí mismo, "el trabajo que estoy haciendo para Dios, ¿es Su iniciativa o mía?" Cualquier trabajo que meramente sea de iniciativa humana, no puede ser el trabajo de Dios y Dios no necesita comprometerse con el mismo. Este trabajo pudiera aparentemente dar mucho fruto, pero los tales no durarán.

Otra cosa respecto al abundar en fruto, es que éste es el resultado de un trabajo que no solo es iniciado por Dios, sino que es desempeñado usando los métodos de Dios. Muchos de los métodos de las organizaciones y de los ejecutores espirituales que trabajan hoy día, son solo una copia del negocio de los métodos promocionales del mundo. Hay métodos que son el producto de mentes que han hecho a un lado el patrón de la Biblia. Dios no puede aprobar ninguno de estos trabajos.

Finalmente, existe un elemento de fuerza crucial: mucho esfuerzo es empleado en promover una denominación o la otra, una organización o la otra, una personalidad o la otra, una doctrina o la otra. Tales motivos impuros causan que Dios necesariamente se retire, dolido por lo que se está haciendo. El trabajo de Dios debe ser exclusivamente hecho para la gloria del Señor Jesús y únicamente para Su gloria. Cuando el motivo es puro y limpio, Dios bendice de gran manera, aunque la bendición debe verse desde el punto de vista de Dios y no del hombre, ya que, para muchos, Jesús pudo parecer un fallo, cuando realmente ante Dios fue un total éxito.

La segunda cosa que hay que aprender respecto al abundar en frutos, es que éste será el resultado de "lanzarse a lo profundo". Estar en lo profundo es un negocio de riesgo y muchos prefieren las aguas poco profundas. Es muy fácil predicar a Cristo donde no hay oposición; cuando las circunstancias del predicar el evangelio le puedan costar la vida, ¿está listo para ministrar allí? El Señor Jesús dijo: "*De cierto, de cierto os digo que a menos que el grano de trigo caiga en la tierra y muera, queda solo; pero si muere, lleva mucho fruto.*" (Juan 12:24). Mi oración por usted es que acepte la muerte y que muriendo, haya mucho fruto.

La última cosa que habré de decir sobre el abundante fruto es que es el trabajo de la asamblea local.

Pedro estaba bien preparado para involucrar a otras personas de ideas afines, en la pesca. Él no estaba interesado en su propia gloria, él no estaba interesado en aquellos que estaban con él a bordo del bote, sino que estaba preparado para llamar a otros, para que así la pesca no se perdiera. Él quería preservar la pesca pese a quien tomara la gloria.

Loa auténticos discípulos se separan de todo aquel que no tenga los mismos objetivos y de aquel que haya hecho a un lado los métodos de Dios revelados en la Biblia. Se asegurarán de que su trabajo sea llevado a cabo dentro del marco de la única institución que el Señor Jesús dejo con este propósito: la Iglesia local.

UNA PALABRA FINAL

Así que ha decidido volverse verdaderamente un discípulo. ¡Sea el Señor alabado! Siga adelante, ya ha puesto su mano sobre el arado, no mire atrás. El Señor que llama a las personas al discipulado le ayudará, desde el inicio hasta el final, y le dará la corona de vida al final. ¡Gloria sea dada a SU SANTO NOMBRE!

En la última parte de este libro, habremos de traer algunos de los aspectos ya mencionados en un enfoque práctico.

EL ALTO LLAMADO
DE DIOS
Y OTROS CAMINOS

El discípulo es llamado por el alto llamado de Dios en
Cristo Jesús. El apóstol Pablo dijo, *"Hermanos, yo mismo no
pretendo haberlo ya alcanzado. Pero una cosa hago: olvidando
lo que queda atrás y extendiéndome a lo que está por delante,
prosigo a la meta hacia el premio del supremo llamamiento de
Dios en Cristo Jesús."* (Filipenses 3:13-14). El alto llamado
fue un llamado por un precio. Él dijo: *"¿No sabéis que los que
corren en el estadio, todos a la verdad corren, pero sólo uno
lleva el premio? Corred de tal manera que lo obtengáis."* (1
Corintios 9:24). El apóstol Pablo corrió la carrera y al final
de su vida, supo que lo había logrado. Él dijo: *"He peleado
la buena batalla; he acabado la carrera; he guardado la fe. Por
lo demás, me está reservada la corona de justicia, la cual me
dará el Señor, el Juez justo, en aquel día. Y no sólo a mí, sino
también a todos los que han amado su venida."* (2 Timoteo
4:7-8).

El alto llamado es una invitación a la plenitud de Dios que
es en Cristo Jesús. Este es un llamado del Señor Jesús en la
totalidad de lo que Él es y de todo lo que ÉL ofrece.

Todos los seres humanos son llamados por Dios a este
alto llamado. El propósito de Dios era que todos los seres
humanos fuesen gloriosas criaturas. El hombre, sin embargo,
pecó y cayó de este propósito. Dios, en su magnífico amor,
hizo provisión por medio de la muerte de su Hijo en la cruz,
para que los pecadores volvieran a Él mismo y por medio
del alto llamado. Así, que tarde o temprano, cada persona
viene a la Calle Encrucijada NE, la cual podemos llamar la

Encrucijada de la Vida o de la Muerte. En esta encrucijada, se encuentra la decisión entre el camino estrecho o ancho, el angosto que conduce a la vida y el amplio que conduce a la muerte. Cada uno es llevado allí, amable y gentilmente, por el Espíritu Santo y luego la persona hace frente a la invitación de Dios, de entrar por la puerta estrecha a la vida o volverse al camino ancho y espacioso que conduce a la muerte. El Espíritu Santo no escogerá por ninguno, sino que cada cual escogerá por sí mismo.

Aquellos que escojan el camino estrecho, dejan sus pecados en la cruz y entran al camino de la vida, volviéndose hijos de Dios. Los tales conocen a Dios y Dios les conoce, son nacidos de nuevo y donde mora el Santo Espíritu. ¡No es esto maravilloso?! Estos comienzan a caminar junto a Cristo, por el camino del alto llamado de Dios en Cristo.

A lo largo de este camino, habrán de hacerse tres cosas explicadas por el apóstol Pablo a los Filipenses 3:13-14, que son:

1. Habrán de tener solo una meta. El apóstol dijo, "Una cosa hago" Él no dijo "Dos cosas hago". Aquellos que aspiren a llegar hasta el final deben tener solo una suprema meta, deben tener UNA SOLA ambición, deben tener UNA SOLA pasión, deben tener UN SOLO amor. Aquellos que tengan múltiples ambiciones, fallarán. Aquellos que tengan una suprema ambición y otra pequeñita hallarán que esta pequeñita ambición competirá y desplazará a la suprema

ambición. Los vencedores tienen solo una ambición: el
Señor Jesús, NO tienen sitio para otra, ni desean otra, su
compromiso con ÉL y su adoración a ÉL están completas,
no hay sombras entre ellos y el Señor Jesús.

2. Olvidan lo que queda atrás. Tras ellos queda todo lo
que el mundo ofrece: toda su fama, ganancias, éxitos, entre
otros. El apóstol Pablo dijo, "*Pero las cosas que para mí eran
ganancia, las he considerado pérdida a causa de Cristo. Y aún
más: Considero como pérdida todas las cosas, en comparación
con lo incomparable que es conocer a Cristo Jesús mi Señor.
Por su causa lo he perdido todo y lo tengo por basura, a fin de
ganar a Cristo*" (Filipenses 3:7-9). Él contó tales cosas como
pérdidas, como cosas que rechazar, y continuó estimándolas
como tal. Esto fue hecho en el pasado pero está vigente en
nuestro día a día.

3. Se extienden y continúan hacia la meta. El alto llamado
habrá de hacer trascendentales demandas sobre aquellos
decididos. Los débiles espirituales que no estén preparados
para la rigurosa batalla espiritual, no lo lograrán. El demonio
pondrá y habrá de poner serias barreras a lo largo del camino;
el mundo intentará distraer y poner señuelos en el camino,
que se volverá más estrecho con el pasar del tiempo; la
carne demandará ser satisfecha ofreciendo posibles vías o
caminos. En breve, circunstancias no favorables abundarán.
Solo aquellos que estén preparados para seguir adelante
y extenderse para alcanzar el blanco, lo lograrán. NO hay
necesidad de decir que hay muchos que entrarán por la puerta

estrecha, pero habrá quienes, no obstante, fallen en proseguir hacia el alto llamado de Dios en Cristo Jesús. Demas una vez comenzó en este camino, pero no llegó al final, fue engañado por algo o alguien en Tesalónica.

LA ENCRUCIJADA DE LA OBEDIENCIA ELEMENTAL

Nadie llega lejos sin antes haber hecho frente a la Encrucijada de la Obediencia Elemental. En este punto, la persona hace frente a la elección entre el obedecer al Señor en pequeños asuntos como el bautismo; obedeciéndole, continuando en el camino del alto llamado de Dios o desobedeciendo, para complacer al demonio, al mundo y a la carne. Si la persona escoge desobedecer, se aparta del camino del alto llamado y se desliza, cayendo en la trampa de la desobediencia elemental.

El tal pudiera estar en esta trampa tanto y como quiera, podrá dar excusas, podrá continuar leyendo la Biblia y orando, podrá continuar testificando y haciendo muchas cosas buenas; podrá desarrollar algo parecido a músculos espirituales en esta trampa y ensancharse, pero en realidad está fuera. Todo su conocimiento y ejercicios espirituales en ese camino de desobediencia le ayudarán a destruirse, ya que:

1. Le hará pensar que está bien espiritualmente.
2. Le cegará de su terrible condición.
3. Le ayudará a guiar erróneamente a muchos otros, ya que

el demonio le usará como ejemplo, y dice: "Ves esto y esto, él no ha sido tonto en obedecer, sino que continuó siendo un fuerte cristiano".

4. El demonio hará que piense que si hace mucho esfuerzo en esa trampa, comenzará a escalar en ascenso, con dirección hacia el alto llamado, sin la humillación del arrepentimiento y caminando en la carretera del arrepentimiento hacia atrás, de vuelta al lugar donde fue echado a un lado.

Mientras más tiempo permanezca en esa trampa, más escamas desarrollará, que habrán de cegar su visión, imposibilitándole ver el camino de Dios. Mientras continúe ahí, su sensibilidad espiritual se reducirá y desarrollará una 'coraza', dificultándole que pueda sentir al convincente Espíritu Santo. De continuar en este camino, podrá arribar al punto donde, el salirse del rail, se vuelve tan 'normal' para él que lo acepta y permanece ahí hasta que Jesús vuelva, habiendo perdido así el llamado al más alto llamado de Dios en Cristo Jesús.

LA SALIDA

La salida de esta trampa es la siguiente:

a) Reconocimiento del hecho de que uno ha perdido el camino.
b) Reconocimiento del hecho de que el perder el camino es un pecado contra Dios.

c) Arrepentirse ante Dios por el pecado.

d) Confesión del pecado ante Dios y también ante el hombre de ser necesario.

e) Caminar la carretera del arrepentimiento, de vuelta al lugar donde la persona se equivocó.

f) Continuar en el camino del alto llamado de Dios en Cristo Jesús.

En el reconocimiento del hecho de haber perdido el camino, el Espíritu Santo ha de traer a la persona al lugar donde el individuo dice: "He perdido el camino" y no "Tal vez he perdido el camino" Además, cuando la convicción del pecado es un genuino trabajo del Espíritu Santo, la persona reconocerá que esto de haber perdido el camino es un grave pecado ante el Señor y solo ante ÉL. Él no estará pensando en hacer las cosas bien para que así los hermanos puedan aceptarle, sino para que él pueda ser aceptado por el Señor. Por lo tanto, debe estar dispuesto a decir: 'Señor he pecado', y no tener deseos de justificarse a sí mismo por el pecado. Debe confesar el pecado, desde sus raíces, a Dios, y no pasarlo por alto con religiosas sutilezas diciendo: "Cometí un error, No lo entiendo" Debe hacer las cosas bien, no solo con Dios, sino también con el hombre, debe enfrentar ante el hombre, las consecuencias, como el resultado de su mal proceder. Por ejemplo, debe buscar aquellos que por seguir sus pasos, han perdido el camino de Dios y confesarles, buscando de todo corazón y con lágrimas traerles de vuelta al camino.

Éste debe caminar la autopista del arrepentimiento, mientras sale del pozo, hasta el punto de ver la cruz nuevamente y, caminando ese camino, situarse donde el amor de Dios pueda alcanzarlo.

LA ENCRUCIJADA DE LA SEPARACIÓN

Un discípulo es verdaderamente un llamado. Ante todo, es un llamado a pertenecer al Señor Jesús, pero también es un llamado a salir del mundo. Este no puede verdaderamente pertenecer al Señor y disfrutar de Él completamente, hasta que no haya respondido al llamado de ser apartado. El Señor le dijo a los discípulos, *"Si fuerais del mundo, el mundo amaría lo suyo. Pero ya no sois del mundo, sino que yo os elegí del mundo; por eso el mundo os aborrece."* (Juan 15:19). Así que el cristiano es un llamado. El Señor LE ha llamado para que LE pertenezca, para que esté en el mundo, pero no para que sea del mundo.

Existen dos aspectos sobre esta separación, los cuales nos gustaría mencionar aquí brevemente. Existe la separación de religiones mundanas y de denominaciones, cualesquiera que sean sus nombres. La Biblia dice de Pablo que "Durante unos tres meses, entrando en la sinagoga, Pablo predicaba con valentía discutiendo y persuadiendo acerca de las cosas del reino de Dios. Pero como algunos se endurecían y rehusaban creer, hablando mal del Camino delante de la multitud, SE SEPARO DE ELLOS Y TOMO A LOS DISCIPULOS

APARTE, discutiendo cada día en la escuela de Tirano. Esto continuó por dos años, de manera que todos los que habitaban en Asia, tanto judíos como riegos, oyeron la palabra del Señor." (Hechos 19:8-10). Ellos se separaron de los sistemas religiosos judíos que habían rechazado al Señor, se separaron para el Señor y solo para ÉL. El judaísmo fue de Dios, pero el Judaísmo le volvió la espalda a la revelación de Dios, el Señor Jesús, y se comprometió a mantener formas externas inútiles de religión, rechazando el poder de la cruz para salvar. Hoy en día, el Judaísmo ha sido remplazado por muchas denominaciones, incluyendo a varios sistemas católicos, protestantes y pentecostales, que han remplazado al Señor de Gloria por una forma de sistema sin vida y organizaciones que no tienen a Cristo. En todas ellas, Cristo no es el centro y Su interés no es la única consideración, Él puede ser sacrificado y la Biblia ser puesta a un lado, para que así el sistema pueda continuar.

El Señor llama a todos los discípulos a salir de estas cosas y de estos sistemas. En una invitación final para salir de estos falsos sistemas y del pseudo-cristianismo, la Biblia dice: "Oí otra voz del cielo que decía: "¡Salid de ella, pueblo mío, para que no participéis de sus pecados y para que no recibáis sus plagas! Pues sus pecados se han amontonado hasta el cielo, y Dios se ha acordado de sus injusticias." (Apocalipsis 18:4-5).

Algunos pudieran decir que deben permanecer en los sistemas muertos y ayudar a cambiar lo inerte, para que así revivan. Bueno, el Señor, que tiene misericordia de los pecadores y es amor en Cristo Jesús, quiere separación. Él conoce mejor como el mundo puede ser alcanzado por ÉL. Con Pablo ocurrió cuando se separó y los discípulos con él, saliendo del sistema judío, siendo capaz de llevar a cabo el ministerio que permitiera que toda Asia escuchara el evangelio. ¿Desobedeció él y no se separó de lo que pudo haber sido el final de su efectivo ministerio? Ninguna denominación puede cambiar para mejorar, éstas solo decaerán.

Alguien podrá decirle al joven convertido que permanezca en un sistema muerto donde los líderes no conozcan al Señor y el evangelio no sea predicado, enseñado y vivido, hasta que crezcan y se vuelvan cristianos fuertes. La verdad es que ellos nunca crecerán como cristianos fuertes mientras continúen recibiendo veneno espiritual y falsa doctrina como alimentos. Si una persona captura un pez y luego lo lanza de vuelta al río y dice: "Pez, perteneces a mi Amo, crece aquí y el día que mi Amo quiera que vengas, volveré por ti y te llevaré a ÉL", ¿cómo funcionará esto? Éste perderá el pez permanentemente. Así que, si usted no se separa de las religiones mundanas y de los sistemas, usted ha perdido el camino del alto llamado y sea lo que sea que usted logre, jamás satisfará el corazón de Dios.

También existe la separación de los encuentros tribales con la meta de edificar un reino tribal, o sea, la separación de sociedades de negocios con los incrédulos y todo lo que nos enlace con una impura o pecaminosa relación, cuyas tendencias, metas y métodos sean mundanos y no del Señor.

Aquí también el Señor habla claramente para aquellos que están preparados para oír y obedecer.

"No os unáis en yugo desigual con los no creyentes. Porque ¿qué compañerismo tiene la rectitud con el desorden? ¿Qué comunión tiene la luz con las tinieblas? ¿Qué armonía hay entre Cristo y Belial? ¿Qué parte tiene el creyente con el no creyente? ¿Qué acuerdo puede haber entre un templo de Dios y los ídolos? Porque nosotros somos templo del Dios viviente, como Dios dijo: Habitaré y andaré entre ellos. Yo seré su Dios, y ellos serán mi pueblo. Por lo cual, ¡Salid de en medio de ellos, y apartaos! dice el Señor. No toquéis lo impuro, y yo os recibiré; y seré para vosotros Padre, y vosotros me seréis hijos e hijas, dice el Señor Todopoderoso." (2 Corintios 6:14-18)

La palabra de Dios es clara. A aquellos que salen de en medio de ellos y son apartados, ÉL les recibe, el resto no es bienvenido, están por su cuenta, son echados a un lado, están fuera del camino del alto llamado. Fuera del camino, en la trampa, pueden sufrir e incluso morir por el Señor, pueden dar su todo, pero todo resultará un desperdicio.

¿POR QUÉ ES INDISPENSABLE LA SEPARACIÓN?

Los sistemas religiosos mundanos jamás cambiarán. Tome al catolicismo, por ejemplo, este jamás cambiará. Las oraciones de que deberían cambiar son desperdicios, jamás cambiarán. La mente tras el sistema es la del príncipe de este mundo y él jamás cambiará, el sistema puede modificar esta o aquella cosa, pero permanecerá equivocado. Hay denominaciones protestantes que jamás cambiarán, la verdad podrá ser descubierta, pero cuando es hallada que se opone a la falsa base de lo estructurado, es desechada. Muchas personas son engañadas por el corto período de tiempo cuando los líderes de una denominación religiosa parecen buscar la verdad con entusiasmo. Éste es un corto período, y su entusiasmo jamás está profundamente arraigado, "porque si fuera el caso se comprometiesen personalmente con la verdad". Los tales, en cambio, quieren la verdad para promover sus sistemas. Juan el Bautista fue aceptado por un tiempo, a pesar que los líderes religiosos del momento no se sometieron a su bautizo, y no le impidieron a las personas ir.

La Biblia dice:

"Al oírle, todo el pueblo y los publicanos justificaron a Dios, siendo bautizados con el bautismo de Juan. Pero los fariseos y los intérpretes de la ley rechazaron el propósito de Dios para ellos, no siendo bautizados por él." (Lucas 7:29-30). El Señor dijo de Juan y de los líderes religiosos, "Él era antorcha que ardía y alumbraba, y vosotros quisisteis regocijaros por un poco en su luz." (Juan 5:35). Ellos se regocijaron, pero solo por un tiempo, y más tarde lo acusaron de tener un demonio y su rey le decapitó.

El Señor no cambió el sistema judío. Su vida fue sin pecado, sus milagros fueron auténticos, Él era el Hijo de Dios, predicó en sus sinagogas, sanó sus enfermos, muchos de ellos creyeron en ÉL, pero el sistema no cambió. El apóstol Pablo lo intentó fuertemente, pero finalmente tomó a los discípulos fuera del sistema y luego el Señor tomó Su camino.

Cuando el Señor se movió con poder a través de Luter en el siglo XVI, el trabajo solo creció y se desarrolló fuera de las sinagogas de aquellos días (el sistema del Catolicismo Romano). Cuando el Señor se movió nuevamente a través de Wesley en el siglo XIX, el movimiento solo tomó agarre del mundo al ser desechado por las sinagogas de aquellos días (la Iglesia de Inglaterra). Cuando Dios se movió nuevamente en los inicios de este siglo, a través de la emanación Pentecostal del Espíritu Santo, Dios fue nuevamente rechazado y buscó SU salida fuera de las denominaciones existentes. Ninguno de estos sistemas jamás ha cambiado y jamás cambiarán, han continuado en su ceguera. El Señor llama a los suyos a salir, ¿escucha el llamado?, ¿le prestará atención? Hay vergüenza y reproches involucrados. ¿Pagará el precio? *"Por lo tanto, también Jesús padeció fuera de la puerta de la ciudad para santificar al pueblo por medio de su propia sangre. Salgamos pues a él, fuera del campamento, llevando su afrenta."* (Hebreos 13:12-13).

LA TRAMPA DEL AMOR AL MUNDO

El mundo es un sistema bien organizado, con el demonio como su monarca reinante. Él se opone a Dios el Padre, activa y violentamente. Existe:

1. La sabiduría de este mundo (1 Corintios 2:6)
2. Los gobernantes de este mundo (1 Corintios 2:6)
3. El espíritu de este mundo (1 Corintios 2:12)
4. La apariencia (moda) de este mundo (1 Corintios 7:31)
5. Las cosas de este mundo (1 Corintios 7:33-34)
6. El Dios de este mundo (2 Corintios 4:4)
7. La pena del mundo (2 Corintios 7:10)
8. La corriente de este mundo (Efesios 2:2)
9. La amistad con el mundo (Santiago 4:4)
10. El reino de este mundo (Apocalipsis 11:15)
11. El amor al mundo (1 Juan 2:15)
12. Las contaminaciones del mundo (2 Pedro2:20)
13. Los rudimentos de este mundo (Colosenses 2:8)
14. La oscuridad de este mundo (Efesios 6:12)
15. Los elementos del mundo (Gálatas 4:3)
16. El disputador de este mundo (1 Corintios 1:20)

Porque el mundo se opone violentamente al Padre, nadie puede amar al mundo y amar al Padre. Todo aquel que verdaderamente ama al Padre, odia al mundo y todo el que ama al mundo, odia al Padre. No hay zona de neutralidad. Todo aquel que, consciente o inconscientemente ame al mundo, debe conocer con certeza que su amor profesado por el Señor es un auto engaño. La Biblia habla sobre las cosas en términos muy claros:

1. No améis al mundo ni las cosas que están en el mundo. Si

alguno ama al mundo, el amor del Padre no está en él; porque todo lo que hay en el mundo — los deseos de la carne, los deseos de los ojos y la soberbia de la vida — no proviene del Padre sino del mundo. Y el mundo está pasando, y sus deseos; pero el que hace la voluntad de Dios permanece para siempre. (1 Juan 2:15-17)

2. Pero lejos esté de mí el gloriarme sino en la cruz de nuestro Señor Jesucristo, por medio de quien el mundo me ha sido crucificado a mí y yo al mundo.(Gálatas 6:14)

3. Vended vuestros bienes y dad ofrendas de misericordia. Haceos bolsas que no se envejecen, un tesoro inagotable en los cielos, donde no se acerca el ladrón, ni la polilla destruye. Porque donde esté vuestro tesoro, allí también estará vuestro corazón. Estén ceñidos vuestros lomos y encendidas vuestras lámparas. Y sed vosotros semejantes a los siervos que esperan a su señor cuando ha de volver de las bodas, para que le abran al instante en que llegue y llame. (Lucas 12:33-36)

Existen algunos creyentes que se han separado físicamente del mundo, pero que están profundamente enamorados del mundo en sus corazones. Éstos justifican su amor por el mundo, el uso que dan a los métodos mundanos, entre muchos otros. Estos se remontan atrás y piensan con pesar sobre las cosas que han dejado en el mundo. Tal como los hijos de Israel en el desierto, éstos no miraban a la Tierra Prometida sino a las ollas de carne y al grano que habían dejado en Egipto. Estos también están en una trampa.

Este amor por el mundo puede ser manifestado en un deseo por el ascenso del sistema del mundo, quedando frustrados cuando este no llega o cuando ejercen presión y usan métodos mundanos para ser promovidos. Así que, cuando el mundo los ha nombrado o asignado, ellos danzan por su melodía.

Este amor por el mundo puede ser manifestado en un deseo impuro de ver a sus hijos teniendo éxito en el mundo, no teniendo así descanso al preocuparse sobre el futuro de sus hijos. Ellos usan métodos mundanos para edificar un futuro financiero para la educación de sus hijos y lastiman sus almas profundamente. Tal como el Señor de Gloria dijo: "pero las preocupaciones de este mundo, el engaño de las riquezas y la codicia de otras cosas se entrometen y ahogan la palabra, y queda sin fruto." (Marcos 4:19)

La respuesta para permanecer en el camino estrecho y no ser atrapado y echado a un lado por la improductividad espiritual a causa del amor al mundo, es la de amar al Señor Jesús tan supremamente que no quede sitio para nada más. La respuesta está en conocer, mirar, buscar y servir solo a ÉL. Aquellos que aman al Señor supremamente, tan solo por este acto le dan al mundo un golpe fatal.

Si usted está atrapado en el amar al mundo, puede arrepentirse hoy. Vuélvase a Jesús totalmente, busque todo lo que tenga y déselo al pobre; entonces venga y siga a Jesús en el camino del alto llamado de Dios.

LA TRAMPA DEL AMOR POR SI MISMO

El auto amor se manifiesta en diversas formas. Éste es el peor enemigo del alto llamado, ya que de un modo u otro, ésta es la raíz de todas las salidas al camino estrecho. El auto amor se puede manifestar en:

1. La auto exaltación
2. La auto alabanza
3. La auto divulgación
4. La auto admiración
5. La auto protección
6. La auto preservación
7. La auto promoción
8. La auto justificación
9. La auto defensa
10. El auto retractarse

El amor por uno mismo es la raíz de todos los pecados de la carne y éstos incluyen:

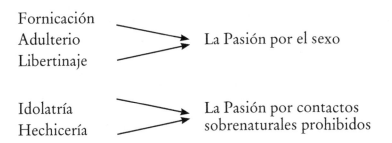

Fornicación
Adulterio ⟶ La Pasión por el sexo
Libertinaje

Idolatría ⟶ La Pasión por contactos
Hechicería sobrenaturales prohibidos

Enemistad * Egoísmo
Conflictos * Desacuerdos   La Pasión por la
Celos * Espíritu festivo   identidad personal
Enojo * Envidia

Embriaguez   La Pasión por la
Estar de parranda   comida y el placer

Cualquiera que ame el 'yo' será tarde o temprano víctima de alguna de estas pasiones. El tal no podrá ir lejos porque el llamado de Dios y el camino de Dios cortarán algún motivo o deseo egoísta. El tal no puede ir por el camino de la cruz, ya que la cruz apunta a poner un final a la vida para sí mismo. Todo el que es atrapado en la trampa del 'yo' escapará de todo servicio para el Señor que no le proporcione alabanza y admiración del hombre. Ellos no harán cosas por medio de las cuales no sean vistos y tomados en cuenta, viven con una suprema pasión: 'llamar la atención'.

El peligro respecto a aquellos dejados en el amor de sí mismos es que éstos pueden ser engañados, pensando que son muy espirituales, pueden sacrificadamente dar para el Señor para ser vistos por el hombre, o para la auto felicitación que llega interiormente diciendo "Eres verdaderamente maravilloso", pueden sufrir por otros, incluso por el Señor, pero la meta es para sí mismos. Pueden justificar sus lujos diciendo que son recompensas y regalos de Dios por la fidelidad.

Muchas personas pueden permanecer en esta trampa por muchísimo tiempo, porque el auto amor puede cegarlas y ellos difícilmente verían su situación tal y como es. El diablo los lleva a decir que la auto admiración es la apreciación de la belleza que Dios les ha dado y justifican las grandes sumas de dinero despilfarradas en ellos mismos diciendo que Dios le ha ordenado a sus hijos ser cabeza y no cola, y que, por tanto, ellos deben tener todos los bienes del mundo.

Otra complicación del vivir para sí es que muchos piensan que este es el problema de las figuras públicas: lideres oradores, entre otros. De hecho, este es más un problema de personas que retirándose o saliéndose, esperan atraer la atención para sí mismos, o se retiran como un mecanismo de protección para evitar los filosos bordes de la cruz.

El Señor Jesús habló claramente sobre el vivir para sí. Él dijo, *"Si alguno viene a mí y no aborrece a su padre, madre, mujer, hijos, hermanos, hermanas Y AÚN SU PROPIA VIDA, no puede ser mi discípulo."* (Lucas 14:26). Cuando los ojos de una persona son abiertos para ver las manifestaciones del vivir para si en él mismo, puede tomarlo por el lado de la Palabra y decir, 'estoy atrapado, debo arrepentirme, ser libertado y activamente cooperar con el Espíritu Santo, y así volverme al camino del alto llamado'; justificarse a sí mismo; o, en el peor de los casos, no hacer nada al respecto. Permítame hacerle una pregunta personal: "¿que ha hecho usted para cooperar con el Espíritu Santo con el objetivo de poner fin a todo el 'yo' en usted?"

El vivir para sí puede manifestar en sí muchas actividades para Dios, pero todas son hechas para ser vistas de los hombres, o por placer personal.

La respuesta al vivir para sí está en la Cruz de Cristo. Cuando Jesús murió en la cruz, llevó todo esto del vivir para sí con ÉL a la cruz, crucificándolo junto con ÉL. La Biblia dice: *"Y sabemos que nuestro viejo hombre fue crucificado juntamente con él, para que el cuerpo del pecado sea destruido, a fin de que ya no seamos esclavos del pecado;"* (Romanos 6:6). El propósito de la crucifixión fue que el cuerpo de muerte pudiese ser destruido. De parte de Dios, todo está hecho, pero existe otra parte restante: la suya. Usted está encomendado a *"Por lo tanto, haced morir lo terrenal en vuestros miembros: fornicación, impureza, bajas pasiones, malos deseos y la avaricia, que es idolatría."* (Colosenses 3:5). Dios no dará muerte a lo que usted debe dar muerte, si usted no hace lo que debe hacer, quedará sin hacer.

Muchos creyentes se sienten cómodos en esta trampa, posiblemente como consecuencia, la vasta mayoría de los profesantes cristianos han sido desechados aquí. Dios no toma esto tan a la ligera, Su Palabra dice: *"porque los que son de Cristo Jesús han crucificado la carne con sus pasiones y deseos."* (Gálatas 5:24). Una prueba por la cual cada persona puede comprobar si está en Cristo o no, es esta dada aquí. Pregúntese, "¿ha crucificado usted la carne con sus deseos y pasiones?" Si la respuesta es NO, entonces tal vez usted no pertenezca a Cristo Jesús. ¿Estoy diciendo demasiado? No. Estas palabras no son mías.

Cuando una persona se arrepiente del vivir para sí que residía en él, Dios le traerá de vuelta al alto llamado de Dios. La siguiente pregunta entonces es la de cómo continuar en el camino. Esto se logra de la siguiente manera: El Señor Jesús debe remplazar el 'yo', en vez de vivir para sí, el vivir para Jesús debe ser permitido para que opere completamente. Dios ha hecho todo lo que debía ser hecho por nosotros para tener el 'vivir para Jesús'. Él ha hecho que Jesús sea todo lo que necesitamos.

La Biblia dice: *"Por él estáis vosotros en Cristo Jesús, a quien Dios hizo para nosotros sabiduría, justificación, santificación y redención;"* (1 Corintios 1:30). Porque Dios ha actuado en nuestro beneficio, podemos responder con toda seguridad, que nuestra respuesta nos conducirá a un real avance. ¿Entonces, qué debe hacerse? La Biblia dice: *"Siendo, pues, que habéis resucitado con Cristo, buscad las cosas de arriba, donde Cristo está sentado a la diestra de Dios. Ocupad la mente en las cosas de arriba, no en las de la tierra;"* (Colosenses 3:1-2) *"…y os habéis vestido del nuevo, el cual se renueva para un pleno conocimiento, conforme a la imagen de aquel que lo creó. Aquí no hay griego ni judío, circuncisión ni incircuncisión, bárbaro ni escita, esclavo ni libre; sino que Cristo es todo y en todos. Por tanto, como escogidos de Dios, santos y amados, vestíos de profunda compasión, de benignidad, de humildad, de mansedumbre y de paciencia, soportándoos los unos a los*

*otros y perdonándoos los unos a los otros, cuando alguien
tenga queja del otro. De la manera que el Señor os perdonó, así
también hacedlo vosotros. Pero sobre todas estas cosas, vestíos
de amor, que es el vínculo perfecto. Y la paz de Cristo gobierne
en vuestros corazones, pues a ella fuisteis llamados en un solo
cuerpo; y sed agradecidos.*

*La palabra de Cristo habite abundantemente en vosotros,
enseñándoos y amonestándoos los unos a los otros en toda
sabiduría con salmos, himnos y canciones espirituales, cantando
con gracia a Dios en vuestros corazones. Y todo lo que hagáis,
sea de palabra o de hecho, hacedlo todo en el nombre del
Señor Jesús, dando gracias a Dios Padre por medio de él.”*
(Colosenses 3:10-17)

Cuando se ha lidiado con el 'vivir para sí', el creyente puede
avanzar mucho y hacerlo más rápidamente en el camino del
alto llamado de Dios.

LA TRAMPA DE LA IMPUREZA DEL PENSAMIENTO

Es posible ser 'puro' en acciones y en palabras, pero estar
limitado en los pensamientos. El hombre puede de este modo
alabar a algunas personas, excepto al Rey del alto llamado,
incluso el Señor Jesús no está para nada impresionado,
porque conoce los pensamientos.

Los pensamientos impuros se pueden manifestar en las
siguientes áreas:

(1) Impureza Sexual – El cometer cualquier tipo de pecado sexual en pensamientos.

(2) Perversidad – El cometer asesinato y cosas semejantes en pensamiento, deseando que un enemigo fuese removido por la muerte, deseando que Dios haga enmudecer a alguien que insulte al Señor, deseando que un molesto esposo sufra algo terrible como castigo, deseando que las personas se tropiecen con algo maligno como resultado de su desobediencia, entre otros.

(3) Culpando a Dios – El preguntar, ¿Por qué Dios no toma esto o aquello?, ¿por qué Dios no para esto y aquello? entre otras.

Todos estos pecados del pensamiento ponen a aquel que los comete fuera del camino estrecho del alto llamado de Dios, este es un alto llamado por un Dios santo cuyo Hijo demanda perfección y así dice: "Sed, pues, vosotros perfectos, como vuestro Padre que está en los cielos es perfecto." (Mateo 5:48)

Todo aquel que quiere librarse de los pensamientos impuros, puede tener esta liberación. Jesús vino para ese propósito. Él puede hacerlo. El apóstol Pablo expresó su deseo para los creyentes en Tesalónica. *"Y el mismo Dios de paz os santifique por completo; que todo vuestro ser — tanto espíritu, como alma y cuerpo — sea guardado sin mancha en la venida de nuestro Señor Jesucristo. Fiel es el que os llama, quien también lo logrará.*" (1 Tesalonicenses 5:23-24).

¿Ve usted, compañero peregrino, que éste es el propósito para el que Dios lo llamó a usted, y a mí? Él nos llamó a una santificación que abarca al hombre completo. Él nos llamó a este tipo de santificación. El continúa llamándonos, incluso hoy, a todo esto y no solo a una parte. Él está dispuesto a hacerlo. Él puede hacerlo.

De cualquier modo, para que éste sea hecho, algunas cosas deben ser hechas de nuestra parte. Él está buscando personas que vayan a cooperar con ÉL por su propio bien. Si quisiera ser liberado, le sugiero lo siguiente:

1. Admita que pensamientos malignos han causado que se aleje del camino del supremo llamado. Si usted cree que está en el camino del supremo llamado mientras alberga pensamientos impuros, pensamientos implacables, atribuyéndolos a acciones de personas, usted se engaña y no puede hacer mucho por usted. De no ver esto como un profundo pecado, permanecerá en éste. La Biblia dice: "*Si decimos que no tenemos pecado, nos engañamos a nosotros mismos, y la verdad no está en nosotros.*" (1 Juan 1:8)

2. Confiese tales pensamientos y abandónelos de una vez y por todas, decídase a no tener nada que ver en lo absoluto con los pensamientos impuros, tome una solemne y final decisión. La Biblia dice: "*Si confesamos nuestros pecados, él es fiel y justo para perdonar nuestros pecados y limpiarnos*

de toda maldad." (1 Juan 1:9) ¿Ve usted lo que ÉL hará, si confesamos? ÉL perdonará, y esto es bueno pero ÉL hará mucho más, ÉL nos limpiará, Él lidiará con las cosas desde la raíz. Él está dispuesto y lo hará.

3. Ponga una distancia entre usted y todo lo que sugiera impureza. Camine cerca del Señor y detectará insinuaciones impuras aun cuando estén distantes y puedan acercarse lo suficiente como para poseerle. No se comprometa ni por un segundo, llame a las cosas por su nombre, llame a los pensamientos de fornicación, el pecado de fornicación, llame a los pensamientos de odio, asesinato ya que verdaderamente lo es (Mateo 5:27-28, 1 Juan 3:15) y sepárese radicalmente de ellos.

Péguese a Jesús: llene su mente con los pensamientos de Jesús, llene su tiempo con el trabajo de Jesús y no habrá tiempo ocioso que le haga ser presa de los pensamientos impuros. Selle esto con una vida de creciente oración... "Estad siempre gozosos. Orad sin cesar. Dad gracias en todo, porque ésta es la voluntad de Dios para vosotros en Cristo Jesús." (1 Tesalonicenses 5:16-18).

LA TRAMPA DE LA EMOCIONES ENREDADAS

El Señor espera que todo aquel que esté en el supremo llamado de Dios cumpla con: "Y amarás a Jehovah tu Dios con todo tu corazón, con toda tu alma y con todas tus fuerzas." (Deuteronomio 6:5). El corazón es el asiento de las emociones. El amar al Señor con todo tu corazón es un llamado que incluye el amar al Señor con todas tus emociones. No es un llamado para amar con algunas de tus emociones, sino con todas, Dios no aceptará amor parcial, Él no aceptará el amor que está compartido entre ÉL y otra cosa, o persona, todo amor debe ser concentrado en ÉL y solo en ÉL. Este no es un asunto de si el amor es legítimo o no, ésta es una cuestión de si el amor está o no concentrado solo en ÉL. El salmista conoció algo de esto, ya que dijo: "Sólo en Dios reposa mi alma; de él proviene mi salvación. Sólo él es mi roca y mi salvación;... (Salmo 62:1-6). Desafortunadamente, muchos que conocen al Señor Jesús son echados a un lado por emociones enredadas. Veamos esto brevemente:

AMOR DE PADRE E HIJO

Abraham amó a Isaac. Esto estaba correcto y era bueno. En algún lugar, a lo largo de la línea, pareciera que el mismo ser de Abraham fuese envuelto por su hijo. Sin embargo, Dios quería que todo el ser de Abraham estuviese envuelto por ÉL y no por otro, por eso, en esa grande prueba donde Isaac habría de ser sacrificado, Dios se aseguró de que Abraham fuera lo que estaba por ser, un hombre que conocía y tenía un único y supremo amor: Dios.

EL AMOR ENTRE AMIGOS

David y Jonathan eran amigos. Ésta fue una relación muy profunda, fue esmerada. NO obstante, David fue destinado a ser un hombre tras el propio corazón de Dios. Con el objetivo de que sus emociones para con Dios pudieran crecer, madurar y alcanzar el lugar donde él podía decir que esperaba solo en Dios, que Dios era su único deseo, que no deseaba nada sobre la tierra que no fuese el Señor, Dios sacó a Jonatán de su vida. Esta fue una cirugía radical, pero efectiva. Jonatán fue llevado y Dios tuvo a su hombre 'David, el hombre tras Su corazón'.

EL AMOR ENTRE ESPOSO Y ESPOSA

Conocemos cuán profundamente amó Jacob a Raquel. Durante catorce años trabajó por ella y la amó de forma inmutable, incluso en el período de su esterilidad. Sus hijos fueron sus favoritos. Poco antes que Jacob alcanzara el lugar de más profunda madurez en amar a Dios y caminar con Él, Dios se llevó a Raquel.

En esta encrucijada de emociones enredadas, muchas vidas brillantes que pudieron haber contribuido significativamente a la edificación del reino, fueron rotas. Esta encrucijada puede ser un compromiso emocional de matrimonio con el cual Dios quiera terminar, pudiera ser el deseo de casarse fuera del tiempo de Dios, entre otros. Pero, en todos ellos, las emociones están enredadas y todo se vuelve confuso. Todas las personas enredadas han perdido el camino del alto llamado. Si una persona quisiera ir por su propio camino y casarse con la persona equivocada, ¿cómo pudiera ésta caminar en el camino del supremo llamado? Actuando así, no ha hecho otra cosa más que sacarse a sí mismo del camino.

RESPUESTA DE DIOS A LAS EMOCIONES ENRREDADAS

Es muy difícil desenredar las emociones. En primer lugar, lo mejor que se puede hacer es protegerlas para que no se enreden. Esto significa que todas nuestras emociones sean reveladas al Señor, todas, hasta la última, y luego Él podrá dirigirlas a cualquier otro objeto o cosa que ÉL quiera que amemos. Entonces, en este sentido especial, no hay contacto directo entre aquel que esté en el camino del alto llamado y cualquier otra persona. Todo es a través del Señor y todo es controlado por el Señor.

Esto significa que solo amaré al Señor con todo mi corazón, también significa que puedo amar a otros hasta la medida que el Señor quiera. Tal amor no conocerá de frustración, de decepciones o de dolores de cabeza. Este será controlado por el Señor Jesús, quien es el Amor Supremo. Pídale a Dios que desenrede sus emociones, ábrale su corazón al Señor, exprésele su amor y continuará en el camino del supremo llamado.

LA TRAMPA DE LA ACEPTABILIDAD

El propósito de Dios en la redención fue el de procurar para Él mismo personas que fuesen tras la semejanza de Su eterno Hijo, quien habría de ser conforme a ÉL en todo. Su propósito era que éstos miraran a Jesús como el estándar. Habrían de mirar a ÉL y habrían de cambiar sus mentes conforme a la de ÉL, en todo y a cualquier costo. Lo que el maligno ha hecho, no ha sido más que enredar este propósito, por esto muchos creyentes están laborando conforme:

a) Al mundo
b) A los sistemas religiosos de apostasía cristiana
c) A las tradiciones de los hombres
d) A las conductas de otros creyentes.

El resultado de todo esto es que lenta, y a veces inconscientemente, ellos se han levantado y salido del Señor Jesús, de Su Palabra y del camino del alto llamado. El triste producto resulta en una banda de hombres y sistemas religiosos, arreados como ganado, y todo en el nombre de una imposible unidad, del humanismo y del amor barato.

El demonio, el mundo y todo lo que no es del Señor, no pueden soportar lo que es diferente. La presión de conformarse es muy fuerte; y los susurros a comprometerse llegan fuertes y persistentes, y para este propósito el enemigo de nuestra alma realiza sugerencias y nos interroga:

1. ¿No ves que incluso esta persona en la Biblia se comprometió?

2. ¿No sabes que tal postura causaría división y Dios quiere unidad?

3. ¿No conoces que el amor no busca lo suyo?

4. ¿No ves que insistes en el orgullo y Dios odia al altivo?

5. Si mantuvieras tu postura, ¿te haría esto más espiritual?

6. ¿Qué es lo que está verdaderamente errado? Después de todo, esto no contradice en lo absoluto algo de la Biblia.

7. ¿No ves que si cedes un poquito, las puertas pueden ser abiertas para el evangelio? Y así muchos ejemplos.

Todas estas son presiones del enemigo a través de sus agentes (es triste decir que éstos a veces incluyen a los hijos del reino de Dios) para apartar a muchos del camino al supremo llamado.

Algunas cosas en nosotros provienen del hecho de que habremos de cargar con cicatrices de la caída; este amor a ser aceptado, amado, alabado y aprobado. Muy pocos pueden continuar solos, incluso en el camino de la verdad. El camino es muy áspero y los obstáculos muchos y variados.

La tragedia es que cada acto de compromiso hace más fácil y más necesario un próximo compromiso, con el objetivo de ser aceptado. ¿Cómo podemos escapar a la trampa de ser desechado por el deseo de ser aceptado? Le sugiero lo siguiente:

1. Lidie a fondo y radicalmente con todos los pecados en su vida, especialmente aquellos conocidos solo por usted.

2. Decida que la Palabra de Dios es el árbitro final en todos los asuntos de la fe y que usted la obedecerá sobre todo lo demás.

3. Decida que usted pagará el costo de su obediencia, incluso con su vida y viva para ese principio.

4. Decida que no habrá de comprometer nada que Dios haya dicho en Su Palabra, incluso si al comprometerse tuviera que ganar mundos para ÉL, porque estos serían abominación ante ÉL.

5. Decida que su primer amor habrá de ser para el Señor y que ese amor debe ser manifestado a través de la obediencia a Sus mandamientos, incluso si esa obediencia hiere a una o más personas.

6. Decida que el único camino para amar verdaderamente a las personas, es hacer lo que Dios quiere que usted haga.

7. Fije en su mente que el verdadero éxito es determinado por Dios, y no por el aplauso del hombre, o de resultados visibles.

8. Fije en su corazón que todo lo que usted necesita es la aprobación de Dios y haga todo lo posible para eliminar la alabanza del hombre. Si usted se permite el lujo de aceptar

la alabanza del hombre, pronto será tentado a querer más y más de ello.

9. Obedezca ambas, la Palabra escrita y la Palabra revelada de Dios a su corazón, por medio del Espíritu Santo.

10. No luche con aquellos que no compartan su visión. Estudie la Palabra, ámela y obedézcala. Conozca a su Dios, camine con Él, satisfágale, déjele tomar la responsabilidad por su obediencia.

En cada punto siempre estará la elección entre el camino del alto llamado de Dios y el ir por otros caminos. Aquel que falló antes, podría fallar de nuevo y aquel que no falló en el lugar anterior de prueba, no tiene por esto éxito garantizado. En cada punto, aquellos que miran a Jesús, que son sencillos de corazón, continuarán en el camino de la victoria, mientras que los otros fallarán. Aquellos que siendo sensibles al Espíritu Santo, edifican un fuerte espíritu de obediencia, tienen más posibilidades de mantenerse en el camino estrecho, que aquellos que hacen un hábito el fallar y arrepentirse.

Aquellos que son sensibles al Espíritu Santo, que reconocen sus pecados con inmediatez y se arrepienten, no precisan de pasar largos períodos en la trampa. Mientras más corto sea el período de ser echados a un lado, será más fácil levantarse y seguir al Señor con pocos daños. De hecho, podría ser posible para alguien reconocer que ha perdido el camino, arrepentirse de ello y comenzar en el camino, sin resbalar hacia la trampa.

Aquellos que son echados a un lado, con frecuencia pierden mucho tiempo y a menudo quedan muy atrás de aquellos que comenzaron el viaje con ellos. Por ejemplo, una persona que está atrapada en otros caminos de falsas doctrinas, parará de crecer, hasta que se arrepienta y retorne al camino, y para el tiempo en que regrese, aquellos que se mantuvieron en la misma postura espiritual, serán lo suficientemente maduros como para volverse sus profesores.

CON JESÚS EN EL CAMINO

Las personas, a lo largo del camino del alto llamado de Dios, descubrirán que mientras más lejos vayan, más estrecho se volverá el camino. Algunas cosas que pudieron ser permitidas en las primeras etapas, se vuelven estrictamente prohibidas a medida que se avanza en el camino, es por esto que algunos creyentes pudieran ser hallados disfrutando de algunas prácticas que a otros les podría disturbar espiritualmente en gran manera. Esto es a causa de su ser en las diferentes etapas en el camino. Aunque algunos están más avanzados que otros, aún ninguno lo ha alcanzado mientras vive. Pablo dijo, *"Hermanos, yo mismo no pretendo haberlo ya alcanzado. Pero una cosa hago: olvidando lo que queda atrás y extendiéndome a lo que está por delante, prosigo a la meta hacia el premio del supremo llamamiento de Dios en Cristo Jesús."* (Filipenses 3:13-14).

Otra cosa respecto al supremo llamado es que aquellos que hayan progresado, deben ser más cuidadosos. Las posibilidades de resbalar son mayores para aquel que está más cerca de la cima de la montaña, que para aquel que comienza; y las consecuencias de caer, por supuesto, son más serias para aquel que está mucho más cerca de la cima de la montaña. Si Él permite el lujo de resbalar puede que termine hecho pedazos en el fondo de la montaña.

A causa de estos peligros, todo el que está en el camino del alto llamado debe cultivar la amistad de Jesús de forma profunda. Deben conocer a Jesús, amarle y obedecerle, a cualquier costo deben satisfacerle. Jesús es su alegría y su dicha a lo largo del camino, ÉL ilumina su camino y los satisface, ÉL les hace del supremo llamado una dicha y un placer, Sin ÉL, sería terrible y miserable, y ¿quién lo soportaría? ÉL es el Camino, el Guía. ÉL lo es todo.

JESÚS EL FINAL

El alto llamado es el llamado de Dios en Cristo Jesús. Este es también el llamado de Dios para Cristo Jesús. A lo largo del viaje, uno encuentra a Jesús y en el mismo final del viaje encontramos a Jesús. Él es, por lo tanto, no solo el inicio, no solo el Guía, ÉL es el Final y la Recompensa.

Así que, al final de este viaje esta Jesús, con brazos extendidos, con abrazos de amor y tierno cuidado. Él está allí para enjugar todas las lágrimas y para sanar todas las heridas que fueron contraídas en el camino. Él está allí para darle al vencedor, de un modo, lo que no pudo darle al comienzo o a lo largo del viaje. Esta es una total y diferente forma de darse a SI mismo. ÉL hace esto de modo que cada añoranza, cada deseo del corazón y del ser del vencedor sea satisfecho. Una perfecta relación comienza y el tiempo da paso a la eternidad. ¡Que la gloria sea dada a nuestro Señor!

El vencedor escuchará entonces a Jesús, diciéndole:

LA BIENVENIDA DE JESÚS

1.   Bien hecho buen y fiel siervo
        Diste tu todo por Mí
        Sufriste penas en la tierra por Mí
        Fuiste fiel hasta el final.

2.   Entra en Mi gloria
        Preparado por Mí mismo
        Ven ante Mi misma presencia
        Y piérdete en Mi amor.

3.   Siéntate en el banquete que He preparado
        Para Mis amantes especiales
        Siéntate a Mi misma mesa
        Y come de Mi propio Plato.

4. Contempla la alegría de Mi Padre
    El Hogar preparado para ti
    Contempla su maravillosa belleza
    Y es toda para ti.

5. Aquí fluye el río de vida
    Y este corre solo para ti
    Aquí crece ese árbol de eterno verdor
    Mi Padre lo plantó para ti.

6. Juntos viviremos y reinaremos
    En el gran trono de Mi Padre
    Los ángeles nos servirán por toda la eternidad.

7. Entonces por toda la eternidad,
    Reinando en gran manera conmigo,
    Conocerás que fue todo por Mi gracia
    Y alabarás al rey Eterno.

                                        Z.T.F
                              OBALA 15/05/82.

GRACIAS POR HABER LEÍDO MI LIBRO

¿Fuistéis bendecidos por vuestra lectura de mi libro? ¿Me podéis dejar una respuesta/feedback a vuestra persona preferida? Zacharias Tanee Fomum.

ACERCAROS AL AUTOR

Twitter: http://twitter.com/cmfionline

Facebook: http://facebook.com/cmfionline

website: http://www.cmfionline.org

printed copies at: http://www.cph.cmfionline.org

Bible Course at : http://www.bcc.cmfionline.org

Smashwords: https://www.smashwords.com/profile/view/ztfomum

MUY IMPORTANTE

Si usted aún no ha recibido a Jesús como su Señor y Salvador, Le aliento a que lo reciba. Aquí le propongo algunos pasos que le ayudaran:

ADMITA que usted es un pecador por naturaleza y en la práctica, y que por sí mismo usted no tiene esperanza. Dígale a Dios que usted ha pecado personalmente contra ÉL en su mente, en sus palabras y en hechos. Confiésele sus pecados uno tras otro por medio de una oración sincera. No deje de sacar a la luz pecados que recuerde. Sinceramente vuélvase de sus pecados y abandónelos. Si robaba, no robe más, si ha estado cometiendo adulterio o fornicación, deténgase de inmediato. Dios no le perdonara si usted no siente el deseo de dejar de pecar en todas las áreas de su vida, pero si usted es sincero, Él le dará el poder para que se detenga de pecar.

CREA que Jesucristo, el cual es el Hijo de Dios, es el único Camino, la única Verdad y la única Vida. Jesús dijo "Yo soy el Camino, la Verdad y la Vida. Nadie viene al Padre sino por mí" (Juan 14:6) La Biblia dice, "Porque hay un solo Dios, y un solo mediador entre Dios y los hombres, Jesucristo hombre, el cual se dio a sí mismo en rescate por todos, de lo cual se dio testimonio a su debido tiempo" (1 Timoteo 2:5-6). "Y en ningún otro hay salvación; porque no hay otro nombre bajo el cielo, dado a los hombres, en que podamos ser salvos." (Hechos 4:12). "Mas a todos los que le recibieron, a los que creen en su nombre, les dio potestad de ser hechos hijos de Dios" (Juan 1:12). PERO,

CONSIDERE el costo de seguirle, Jesús dijo que todo aquel que le siguiera tendría que negarse a sí mismo y esto incluye el egoísmo financiero, sociales y otros intereses. SUS seguidores han de tomar su cruz y seguirle. ¿Está usted interesado en renunciar a sus intereses diarios por los de Cristo? ¿Está usted preparado para ser guiado hacia nuevas direcciones por ÉL? ¿Está usted preparado para sufrir por ÉL y morir por ÉL si fuese necesario? Jesús no hará nada con aquellas personas divididas .Él demanda compromiso total. ÉL solo recibirá y perdonara a aquellos que están preparados para seguirle a CUALQUIER COSTO. Medite en esto y calcule el costo. Si usted está preparado para seguirle, solo venga, pues hay algo que HACER.

INVITE a Jesús a venir a su corazón y a su vida. ÉL dijo, "He aquí, yo estoy a la puerta y llamo; si alguno oye mi voz y abre la puerta (de su corazón y de su vida), entraré a él, y cenaré con él, y él conmigo" (Apocalipsis 3:20). ¿Por qué no hacer una oración como la siguiente o, alguna otra de su propia invención tal y como el Espíritu Santo le guie?

"Señor Jesús, Soy un miserable y perdido pecador, que ha pecado de pensamientos, de palabras y hechos. Perdona todos mis pecados y límpiame. Recíbeme Señor y transfórmame en un hijo de Dios. Ven a morar en mi corazón ahora y dame vida eterna. Te seguiré a cualquier costo, confiando en que el Espíritu Santo me dará todo el poder que necesito"

Amen

Si usted ha realizado la oración anterior sinceramente, entonces el Señor Jesús le habrá respondido de una vez, justificándole ante Dios y haciéndole SU hijo.

Por favor escríbame y orare por usted para ayudarle a continuar hacia Jesucristo. Si usted ha recibido al Señor Jesucristo luego de leer este libro, por favor escribanos a la siguiente dirección: ztfbooks@ cmfionline.org

SOBRE EL AUTOR

Zacharias Tanee FOMUM
1945-2009

El autor fue nacido de la carne el 20 junio de 1945 y nacido del Espíritu Santo el 13 junio de 1956. Realizó una absoluta rendición de sí mismo para entregarse al Señor Jesús y a su servicio el 1º de octubre de 1996, luego de ser lleno del Espíritu Santo el 24 octubre de 1970.

Fue admitido para una primera clase para la Licenciatura en Ciencias y se graduó como estudiante galardonado del Colegio de Fourah Bay en la Universidad de Sierra Leona, en octubre de 1969. Sus investigaciones en Química Orgánica le condujeron al Doctorado en Filosofía (Ph.D) otorgado por la Universidad de Makerere, Kampala, en Uganda, en octubre de 1973. Su trabajo científico publicado, fue recientemente evaluado por la Universidad de Durham, en Gran Bretaña, y evaluado como una investigación de alta distinción, por la cual le fue otorgado el título de Doctor en Ciencias en octubre de 2005. Como profesor de Química Orgánica en la Universidad de Yaoundé en Camerún, el autor ha supervisado o co-supervisado 100 Maestrías, Tesis de Doctorados y ha escrito más de 155 artículos científicos, llevados a la prensa internacional. El autor considera las investigaciones científicas como un acto de obediencia al mandamiento de Dios de "sojuzgad la tierra" (Génesis 1:28). El autor también reconoce que el Señor Jesucristo es el Señor de la Ciencia. "Porque en él fueron creadas todas las cosas..." (Colosenses 1:16). Él hizo al Señor Jesús el Director de sus investigaciones de laboratorio, atribuyendo su éxito científico a este liderazgo por medio de las revelaciones del Señor Jesús.

El autor ha leído más de 1350 libros sobre la fe cristiana y ha creado (escrito) más de 150 para fomentar el Evangelio de Cristo. Cuatro millones de sus libros están en circulación en once idiomas, mientras que dieciséis millones de tratados Evangelísticos escritos por él están en circulación en diecisiete idiomas.

El autor considera a la oración como el trabajo más importante que pueda ser hecho en la tierra para Dios y para el hombre. El mismo posee más de 50 000 respuestas grabadas de oraciones y lucha más y más por conocer a Dios y por moverle a responder las oraciones. Él y su equipo han llevado a cabo cerca de 57 Campañas o Cruzadas de Oración (una campaña de oración es un periodo de cuarenta días y noches durante el cual, al menos ocho horas, son dedicadas a la oración cada día). También ha llevado a cabo cerca de 80 Cadenas de Oración (una cadena de oración es un tiempo de intercesión en oración constante que puede durar desde 24 hasta 120 horas). También ha desempeñado más de 100 Paseos o Caminatas de Oración de entre 5 y 57 kilómetros en pueblos y ciudades alrededor del mundo. Ha enseñado sobre la oración una y otra vez a pesar de que él es en muchas formas, solo un principiante en la profunda ciencia del orar.

El autor también considera que el ayuno es una de las armas para la Guerra Espiritual Cristiana. Ha llevado a cabo más de 250 círculos de ayuno de entre 3 a 40 días, solamente bebiendo agua o agua con vitaminas solubles. Recientemente el autor fue llamado por el Señor para la batalla contra los espíritus de maldad en los lugares celestiales, le fue dado un cuerpo de ayuno y se le pidió llevar a cabo largos ayunos de entre 52 y 80 días. Estos están siendo ahora llevados a cabo.

El autor, habiendo visto algo acerca de la importancia de reembolsar dinero e invertirlo en la batalla para alcanzar a aquellos que no tienen a Cristo con su glorioso Evangelio, ha escogido un estilo de vida de sencillez y "pobreza auto-impuesta" con el objetivo de que sus entradas sean invertidas en el crucial trabajo de evangelizar, ganar almas, en la implantación de iglesias y perfección de los santos. ÉL y su esposa han tenido a bien el invertir el 92.5% de sus ganancias entrantes de cualquier fuente (salarios, bonificaciones, derechos de autor y ofrendas) en el Evangelio ,con la esperanza de que como ellos crecen en el conocimiento, en el amor de Dios y las almas de hombres que perecen (que son condenadas), ellos un día invertirán el 99% de sus entradas en el Evangelio.

El 99% del tiempo en los últimos 40 años, el autor los ha dedicado a un retiro espiritual con Dios de entre 15 minutos a 6 horas diarias, las cuales el mismo llama Encuentros Dinámicos Diarios con Dios (DDEWG). Durante estos momentos él ha leído la Palabra de Dios, meditado en ella, oído la voz de Dios, escuchado a Dios hablarle, grabado lo que Dios le haya dicho y orado por ello. De esta forma él ha grabado más de 18 000 Encuentros Dinámicos Diarios con Dios y considera estos encuentros diarios con Dios por medio de su Palabra, la fuerza determinante de su vida. Estos Encuentros Dinámicos Diarios con Dios acoplan con más de 60 períodos de retiro para buscar solo a Dios, por periodos que oscilan de 3 a 21 días (el cual califica de Retiro para el Progreso Espiritual) estos, poco a poco han transformado al autor en un hombre que primeramente tiene hambre de Dios y que ahora tiene hambre y sed de Dios, mientras espera convertirse en un hombre hambriento, sediento y ansioso de Dios, "Oh si tuviera más de Dios" es su incesante lamento interno.

Ha viajado extensamente para predicar el Evangelio. Ha salido de su base en Yaoundé en más de 700 viajes misioneros en Camerún con duración desde 1 día hasta 3 semanas, y más de 500 viajes misioneros con una duración desde 2 días hasta 6 semanas por más de 70 naciones en los seis continentes.

El mismo es el fundador del equipo líder de la Comunidad Misionera Cristiana Internacional (Christian Missionary Fellowship International), un movimiento evangelista, ganador de almas, implantador de iglesias y hacedor de discípulos, con misioneros e iglesias en más de 50 naciones en los seis continentes.

El autor y su equipo han visto más de diez mil milagros de sanidad realizados por el Señor en respuesta de oraciones en el nombre de Jesús, desde dolores de cabeza, desapariciones de cáncer, personas seropositivas de VIH ser transformadas en negativas, curaciones de ciegos, sordos han escuchado, mudos han hablado, cojos han caminado, endemoniados libertados y hasta dientes y nuevos órganos han sido recibidos.

El autor está casado con Prisca y tienen siete hijos, los cuales están implicados con ellos en el Evangelio. Prizca Zei Fomum es una ministra nacional e internacional para niños, la cual se especializa en ganarlos para el Señor Jesús, disciplinarlos e impartirles la visión del ministerio para niños, levantando y construyendo así el propio ministerio.

El autor debe todo lo que él es y lo que el Señor ha hecho en él y a través de él a los inmerecidos favores y bendiciones del Señor Todopoderoso y a su ejército mundial de amigos y colaboradores, los cuales generosamente y sacrificadamente han invertido su amor, ánimos, ayunos, oraciones, regalos y cooperación en él y su ministerio. Sin los inmerecidos favores y bendiciones del Señor Todopoderoso y la inversión de sus amigos y colaboradores, él no hubiese sumado nada.

13/03/09